Uni-Taschenbücher 1388

W0070221

Eine Arbeitsgemeinschaft der Verlage

Birkhäuser Verlag Basel · Boston · Stuttgart
Wilhelm Fink Verlag München
Gustav Fischer Verlag Stuttgart
Francke Verlag Tübingen
Harper & Row New York
Paul Haupt Verlag Bern und Stuttgart
Dr. Alfred Hüthig Verlag Heidelberg
Leske Verlag + Budrich GmbH Opladen
J. C. B. Mohr (Paul Siebeck) Tübingen
R. v. Decker & C. F. Müller Verlagsgesellschaft m. b. H. Heidelberg
Quelle & Meyer, Heidelberg · Wiesbaden
Ernst Reinhardt Verlag München und Basel
K. G. Saur München · New York · London · Paris
F. K. Schattauer Verlag Stuttgart · New York
Ferdinand Schöningh Verlag Paderborn · München · Wien · Zürich
Eugen Ulmer Verlag Stuttgart
Vandenhoeck & Ruprecht in Göttingen und Zürich

Wilhelm Föckersperger, 1985

Manfred Pfister

Oscar Wilde:
»The Picture
of Dorian Gray«

Wilhelm Fink Verlag München

TEXT UND GESCHICHTE

Modellanalysen
zur englischen und amerikanischen Literatur

Herausgegeben von
Rüdiger Hillgärtner, Edgar Kamphausen und Malte C. Krugmann

ISBN 3-7705-2348-2

© 1986 Wilhelm Fink Verlag München
Gesamtherstellung: Ferdinand Schöningh, Paderborn
Einbandgestaltung: Alfred Krugmann, Stuttgart

Inhalt

* Hinweis: Die Seitenangaben im fortlaufenden Text beziehen sich auf die World's Classics Ausgabe des *Dorian Gray* (siehe V: Lektürehinweise); bei vorgestelltem „CW" beziehen sie sich auf die *Complete Works* (siehe ebenfalls V) und bei vorgestelltem „L" auf die *Letters* (siehe I. Anm. 31).

I. Rezeptionsgeschichte

1. Das Skandalon Oscar Wilde

Die Wilde-Rezeption stand lange Zeit und steht bis zu einem gewissen Grad auch heute noch im Bann des Skandalfalls Oscar Wilde. Der Sturz des dandyhaften Ästheten, brillanten Causeurs und Erfolgsschriftstellers ins Paria-Dasein des überführten Homosexuellen und Zuchthäuslers, öffentlich vollzogen im „Schauprozeß" von 1895, erwies sich von solcher Suggestivkraft, daß die Werke demgegenüber in den Hintergrund traten bzw. oft nur als autobiographische Dokumente gelesen wurden. Dies gilt in besonderer Weise für *The Picture of Dorian Gray,* dessen Erstveröffentlichung 1890 bereits einen Sturm der Entrüstung über den „Dekadenzliteraten" Wilde in der Tagespresse auslöste und das im Prozeß selbst als Beweismaterial für Wildes Homosexualität herangezogen wurde (s. u. II). In diesem Klima ideologischer Meinungsmache, in dem Wilde, wie im England der ersten Jahre nach dem Prozeß, entweder ganz verdrängt oder aber seit der Jahrhundertwende international als warnendes Beispiel dekadenter Verkommenheit bzw. als Heros des Kampfes gegen philiströse Bürgerlichkeit und Märtyrer einer verlogenen Sexualmoral diskutiert wurde, konnte sich eine differenziertere wissenschaftliche Beschäftigung mit seinem Werk und dessen biographischem und gesellschaftlichem Kontext kaum entfalten.

Dieses Forschungsdefizit verhinderte jedoch nicht, daß sich die Werke selbst gegenüber allen zeitgenössischen Prophezeiungen, sie würden als *succès du scandale* schnell in Vergessenheit geraten, weltweit durchgesetzt haben. Wilde ist heute — wenn man von G. B. Shaw und Joseph Conrad, deren Schaffenszentrum später liegt, und von Arthur Conan Doyle absieht — der einzige Autor des englischen Fin de siècle, der weltliterarischen Rang besitzt: Seine Dramen werden immer noch buchstäblich „from China to Peru" gespielt, und seine Kunstmärchen und der *Dorian Gray* — kürzlich in die „ZEIT-Bibliothek der 100 Bücher" aufgenommen — sind in alle wichtigen Sprachen übersetzt und werden immer wieder aufgelegt.[1]

---

[1] Fritz J. Raddatz (Hrsg.): Die ZEIT-Bibliothek der 100 Bücher. Frankfurt 1980, S. 310–312.

Wildes Kanonisierung zum Klassiker der frühen Moderne hat sich sozusagen hinter dem Rücken der offiziösen Literaturkritik und der offiziellen Literaturwissenschaft abgespielt, die lange Zeit in Wilde nichts anderes zu sehen vermochten als den anrüchigen Skandalfall oder den Epigonen und das *period piece* der „Yellow Nineties". Und sie vollzog sich auch im nicht-englischsprachigen Ausland eher und entschiedener als in England, wo die Peinlichkeit noch länger und stärker nachwirkte und wo der frankophile Wilde, und mit ihm der Ästhetizismus des Fin de siècle insgesamt, von vornherein eher als Fremdkörper denn als Teil der eigenen Nationalliteratur empfunden wurde.

Die Wilde-Rezeption, und hier wiederum vor allem die Rezeption des *Dorian Gray*, stellt einen Modellfall dafür dar, wie Kunst nicht im Vakuum rein ästhetischer Anmutung konsumiert, diskutiert und „verarbeitet" wird, sondern immer auch im konkreteren Bedingungsrahmen ideologischer Interessen: einen Modellfall insofern, als hier die brisanten gesellschaftlichen Implikationen — die Fragen des Verhältnisses von Kunst und Moral, von ästhetischem Selbstzweck und den Normen des Nützlichen und Wahren und von hedonistischer Selbstverwirklichung und sozialer Verantwortung — diese ideologischen Interessen besonders handgreiflich werden lassen. So erweist gerade das weite Spektrum der Würdigungen, Verdrängungen und Aburteilungen, das sich in der äußerst verschlungenen Wirkungsgeschichte Wildes entfaltet, das provokative Potential des Werks (zu dem getrost auch seine zum Kunstwerk stilisierte Biographie gezählt werden kann) und gibt im Nachhinein Wilde recht, der im „Preface" zu *Dorian Gray* notierte: „It is the spectator, and not life, that art really mirrors. Diversity of opinion about a work of art shows that the work is new, complex, and vital." (xxiv) Dem wollen wir im Folgenden nachgehen, wobei wir uns zunächst auf die besonders interessante deutsche Rezeption Wildes und des *Dorian Gray* konzentrieren wollen, um dann die Entwicklung der Forschung und den aktuellen Forschungsstand zu skizzieren.

2. Wilde und Dorian im deutschen Sprachraum

Eine empirische Erhebung zur deutschen Rezeption englischer Literatur stellte 1937 fest, daß Oscar Wilde, noch vor Edgar Wallace

(!), der weitaus erfolgreichste moderne englische Autor in Deutschland war.[2] Damals lagen bereits sechzehn verschiedene deutsche Übersetzungen des *Dorian Gray* vor; inzwischen sind es weit über zwanzig geworden, die zum Teil in hohen Auflagen und mit vielen Nachdrucken erschienen.[3] Was waren und sind die Bedingungen dieses einzigartigen Erfolgs?

Erste, nur spärliche Kunde von Wilde erreichte Deutschland noch zu dessen Lebzeiten, vermittelt über die Zentren der europäischen Kultur des Fin de siècle, Paris und Wien.[4] In den frühen neunziger Jahren, zu einer Zeit also, als die Kunstmärchen, die großen Essays und der *Dorian Gray* schon vorlagen und Wilde in London seine größten Triumphe als Bühnenautor feierte, war er hierzulande nur wenigen und auch nur in sehr verkürzten Klischees bekannt. August Weiß sah ihn als Halbkünstler, dem es vor allem darum ging, Aufmerksamkeit zu heischen.[5] Hermann Bahr, die große Vermittlerfigur zwischen der deutschsprachigen Literatur und Frankreich raunte von ihm in den Wiener Kaffeehäusern als dem dekadenten Dilettanten: „Die Décadence der Montesquiou und Wilde ist eine Ausflucht der Dilettanten, die ein rechtes Gefühl der Kunst, aber die schöpferische Kraft des Künstlers nicht haben."[6] Und Max Nordau (s. u. IV. 3) hatte schon 1892 Wilde in seine pathologische Galerie entarteter Künstler eingereiht, als eines der zahlreichen Beispiele dafür, daß die „Moderichtungen in Kunst und Schrifttum" „Kundgebungen des

---

[2] Anselm Schlösser: Die englische Literatur in Deutschland von 1895 bis 1934. Jena 1937, S. 77—89. Vgl. auch Rudolf Defieber: Oscar Wilde. Der Mann und sein Werk im Spiegel der deutschen Kritik und sein Einfluß auf die deutsche Literatur. Heidelberg 1934 — eine nützliche, aber lückenhafte Kompilation — und Lawrence M. Price: Die Aufnahme englischer Literatur in Deutschland. Bern 1961, S. 372—374.

[3] Vgl. dazu die Bibliographie in Norbert Kohl: Oscar Wilde. Das literarische Werk zwischen Provokation und Anpassung. Heidelberg 1980, S. 570 f.

[4] Zu Wien im Fin de siècle vgl. die für den kunsttheoretischen Kontext wichtige Sammlung von Gotthart Wunberg (Hrsg.): Die Wiener Moderne. Stuttgart 1981 und die Studie von Carl E. Schorske: Fin-de-siècle Vienna. New York 1980; beide gehen auf die Wilde-Rezeption jedoch nur beiläufig ein. Zu Wildes Wirkung in Paris und Frankreich vgl. Jean de Langlade: Oscar Wilde, écrivain français. Paris 1975.

[5] August Weiß: Oscar Wilde. In: Beilage zur Allgemeinen Zeitung. München 8. Feb. 1983, S. 4—7.

[6] Hermann Bahr: Décadence [1894]. In: H. B.: Zur Überwindung des Naturalismus. Hrsg. v. Gotthart Wunberg. Stuttgart 1968, S. 172. Zu Bahrs Bedeutung für die frühe Wilde-Rezeption im deutschsprachigen Raum vgl. Max Meyerfeld: Oscar Wilde in Deutschland. In: Das literarische Echo (15. Jan. 1904), S. 458—462, hier S. 458.

stärker oder schwächer ausgesprochenen moralischen Irrseins, des Schwachsinns und der Verrücktheit" sind.[7] Den *Dorian Gray* hat dabei Nordau ebensowenig gekannt wie Hermann Bahr, sondern er stützt seine „medizinische" Diagnose, die Cesare Lombrosos psychiatrischen Theorien zum Zusammenhang von Genie und Wahnsinn folgt, auf Anekdoten über Wildes Selbstinszenierung als Dandy und auf dessen Maximen einer autonomen Kunst.

So abwegig dieser Ansatz auch erscheinen mag, so bestimmt er doch einen wichtigen frühen Strang der deutschen Wilde-Rezeption (abgesehen davon, daß die Entartungstheorie bis zum Faschismus weiterwirkt, wenn man sich dort auch ihres jüdischen Begründers nicht gerne erinnerte!). Wilde, durch den Skandalprozeß ins Licht der europäischen Öffentlichkeit gerückt, wird zum klinischen und gerichtsmedizinischen Fall, an dem das Problem der Homosexualität in restriktiver oder liberaler Weise erörtert wird. So verurteilt etwa Eduard Bernstein in zwei Artikeln der *Neuen Zeit* aus promptem „Anlaß eines Sensationsprozesses" den „widernormalen Geschlechtsverkehr"[8], während im Leipziger Max Spohr Verlag eine Dokumentation über den Prozeß erscheint, die um Verständnis für Wildes Inversion wirbt.[9] Es ist dies eben jener Spezialverlag für homosexuelle Literatur, in dem 1901 die erste deutsche Übersetzung des *Dorian Gray* von Johannes Gaulke erscheint. Die Klage Max Meyerfelds 1904, der sich neben Franz Blei in besonderer Weise um die literarische Anerkennung Wildes in Deutschland verdient gemacht hat, war berechtigt: „Mußte man die Werke des armen Dichters mit all den psychopathologischen Studien in einen Käfig sperren?"[10]

Zu diesem Zeitpunkt zeichnete sich jedoch schon ein breiteres Interesse an Wilde und seinen Werken ab: Ab der Jahrhundertwende erscheinen in rascher Folge Übersetzungen fast aller seiner Werke[11]; 1902 inszeniert Max Reinhardt in Berlin die *Salomé*, die drei Jahre später Richard Strauss vertonen wird, und auch seine anderen Stücke erobern die deutschen Bühnen; 1905 veröffentlicht Max Meyerfeld — noch vor der englischen Ausgabe — eine erste, gekürzte Fassung

---

[7] Max Nordau: Entartung. Bd. 1. Berlin ²1893, S. VIII.
[8] Vgl. Bibliographie Nr. 689 und 956 bei Norbert Kohl.
[9] Oscar Sero (Hrsg.): Der Fall Wilde und das Problem der Homosexualität. Leipzig 1896. Auch in Magnus Hirschfelds beeindruckendem Pionierwerk, *Die Homosexualität des Mannes und des Weibes* (1914), wird wiederholt Wilde als Fall herangezogen.
[10] Max Meyerfeld: Oscar Wilde in Deutschland, S. 462.
[11] Vgl. Anselm Schlösser, S. 79.

von *De Profundis* und 1908 schon bringt es *Dorian Gray* zu Reclam-Ehren. Im vorausgegangenen Jahr waren in Wien gleich vier Bühnenbearbeitungen des *Dorian Gray* gleichzeitig zu besichtigen, was Karl Kraus in der *Fackel* zu dem wahrhaft Wilde'schen Paradox hinriß, Wilde sei nun „vom Auswurf der Menschheit zum Liebling der Wiener Gesellschaftskreise herabgesunken"[12].

Karl Kraus hatte schon früh in Wilde einen Gleichgesinnten erkannt, ohne dabei auf das Problem der Homosexualität abzuheben, deren Kriminalisierung er bekämpfte, sondern den Künstler Wilde, den Meister des geschliffenen Paradoxes, den Kritiker viktorianischer Heuchelei und den Mitkämpfer gegen die Sprach- und Sittenverwilderung der Presse herausgestellt. So verteidigt er ab 1903 das Erbe Wildes gegen konservative Angriffe von Friedrich Schütz und Max Nordau und druckt immer wieder Texte Wildes in den neuen deutschen Übersetzungen ab, über deren Qualität er kritisch wacht.[13] Schon 1903 spricht er vom „wundervollen ‚Bildnis Dorian Gray' ", das er dann gegen einen Verriß der *Neuen Freien Presse* in Schutz nimmt[14], und der Essay über *The Soul of Man under Socialism* erscheint ihm als „das Tiefste, Adligste und Schönste, das der vom Philistersinn gemordete Genius geschaffen hat", als „das wahre Evangelium modernen Lebens"[15]. Erst 1909, als Wilde endgültig in Deutschland durchgesetzt ist, stellt er diese Kampagne mit einem Nachdruck zeitgenössischer englischer Kritiken zum *Dorian Gray* und Wildes Erwiderungen dazu ein.[16]

Hier wird Wilde als Gesellschafts- und Sprachkritiker ernstgenommen, und Kraus kam ja diese Kritik sowohl in ihrer Form, dem pointierten, paradoxen Aphorismus, als auch in der Tendenz einer idealistischen und individualistischen Demaskierung philiströser Heuchelei so sehr entgegen, daß er in ihm einen Vorläufer sehen mußte. Die sozialistischen Gesellschaftskritiker waren hier zurückhaltender, da ihnen sowohl Wildes ästhetizistische Verabsolutierung der Kunst als auch sein entschieden subjektivistischer Individualismus suspekt erscheinen mußten. Zwar besprach Josef Bloch Wildes Sozialismus in *Dokumente des Sozialismus* (1904), doch war es eher der anarchistische Flügel der sozialistischen Bewegung, der sich zu Wilde hingezogen fühlte. Nicht zufällig waren es Gustav Landauer

---

[12] Die Fackel 232/3 (16. 10. 1907) S. 6.
[13] Vgl. dazu Hugh Salvesen: Zu den Wilde-Übersetzungen in der ‚Fackel'. In: Kraus Hefte 24 (1981) S. 5—11.
[14] Die Fackel 150 (23. 12. 1903) S. 1 und 151 (4. 1. 1904) S. 18—21.
[15] Die Fackel 167 (26. 10. 1904) S. 10.
[16] Die Fackel 272/3 (15. 2. 1909) S. 5—25.

und Hedwig Lachmann, die schon 1904 eine Übersetzung des Sozialismus-Essays, und 1909 eine des *Dorian Gray* vorlegten. (Zum Komplex Wilde und Sozialismus s. u. IV. 1)

Ein anderer Rezeptionsstrang akzentuierte gerade jene Aspekte an Wilde, die einer intensiveren Wirkung Wildes im Kontext des Sozialismus entgegenstanden. Die „Neuromantik" sah in Wilde vor allem den Ästheten und Ästhetizisten, den Verkünder des Reichs reiner Schönheit, den Individualisten und Mitstreiter gegen Realismus und Naturalismus. Die großen Gestalten dieser restaurativen Bewegung blieben freilich zurückhaltend: Hugo von Hofmannsthal verklärte zwar Wildes Leben 1905 zu „einer Legende, die wundervoll ist, wie immer etwas Wundervolles entsteht, wenn das Leben sich die Mühe nimmt, ein Schicksal dichterisch zu behandeln", kontrastierte den Ästheten Wilde aber abwertend mit Walter Pater: „Ein Ästhet ist naturgemäß durch und durch voll Zucht. Oscar Wilde aber war voll Unzucht, voll tragischer Unzucht. Sein Ästhetizismus war etwas wie ein Krampf."[17] Rilke konnte nicht mehr als den Poseur erkennen, der sich „nur wie ein Derwisch vor Zuschauern" drehte, und Stefan George stieß ebenso wie Hofmannsthal das „Dekadente" bei Wilde ab, den er zum „Spätrömer" stilisierte.[18] In einer ganzen Reihe von journalistischen Beiträgen wird Wilde jedoch in diesen Jahren zwischen dem Fin de siècle und dem Ersten Weltkrieg, sei es kritisch oder befürwortend, mit der antirealistischen und idealistischen Kunstkonzeption von Neuromantik und Symbolismus in Zusammenhang gebracht und seine ästhetizistische Sicht von Kunst und Persönlichkeitskultur gewürdigt. Am besten informiert erwies sich dabei Max Meyerfeld, der Wilde als den „konsequentesten Vertreter des viel gescholtenen ‚*L'art pour l'art*' — Prinzips, dem die Kunst gesteigerter Lebensgenuß, potenzierte Lebensfreude war", darstellte und ihn erstmals als Erben der Präraphaeliten, Ruskins und Paters in eine englische Traditionslinie des Ästhetizismus rückte.[19] So konnte auch *Dorian Gray* als eine englische Blüte der *l'art pour l'art*-Bewegung gewürdigt werden, in der sich der stolze Individualismus des

---

[17] Hugo v. Hofmannsthal: Sebastian Melmoth. In: H. v. H.: Prosa II. Gesammelte Werke in Einzelausgaben. Frankfurt 1959, S. 116–120, hier S. 117 u. 118. Vgl. auch H. v. H./R. Beerhofmann: Briefwechsel. Hrsg. v. E. Weber. Frankfurt 1972, S. 50.

[18] Rainer Maria Rilke: Briefe an Sidonia Nádherný von Borutin. Hrsg. v. Bernhard Blume. Frankfurt 1973, S. 142; Edith Landmann: Gespräche mit Stefan George. Düsseldorf 1963, S. 135; vgl. dazu auch Guido Glur: Kunsttheorie und Kunstanschauung des Georgekreises und die Ästhetik Oscar Wildes. Bern 1957.

[19] Max Meyerfeld, S. 460 f.

Dichters und sein freies Künstlertum ausdrückt und durch eine neue Schärfe in der Darstellung des Innenlebens dem Roman neue Dimensionen erschlossen werden.[20] Begünstigt wurde diese Rezeption des Individualisten und Ästheten Wilde auch durch den Einfluß Nietzsches, mit dessem ikonoklastischen Immoralismus und Übermenschentum seine Position oft verglichen wurde[21] — freilich meist unter Hintansetzung des oberflächlicheren Engländers gegenüber der philosophischen Tiefe des Deutschen. So noch in einem späten Nietzsche-Essay Thomas Manns, wo es heißt: „Nicht umsonst habe ich Nietzsche und Wilde zusammen genannt — als Revoltierende, und zwar im Namen der Schönheit Revoltierende gehören sie zusammen, möge auch bei dem deutschen Tafelbrecher die Revolte ungeheuer viel tiefer gehen und ungeheuer viel mehr an Leiden, Entsagung, Selbstüberwindung kosten."[22]

Wie sehr auch solche ästhetischen Würdigungen ideologisch — und das heißt in dieser Zeit meist nationalistisch — bedingt sind, zeigt mit schöner Deutlichkeit einer der frühesten Aufsätze zu Wilde aus offiziell literaturwissenschaftlicher Feder. Samuel Lublinski interpretiert Wildes Werke und vor allem den *Dorian Gray* als Ausdruck einer tiefen „Kultursehnsucht", wie sie im kulturlosen England immer wieder aufbreche, um dann — wie schon bei Byron und Shelley — tragisch untergehen zu müssen. Die deutsche Jugend könne er nur solange faszinieren, als sie ihn als Kampfgenossen gegen einen platten Naturalismus nötig hat; es rege sich in ihr jedoch schon „die Sehnsucht nach einem umfassenderen, allgemein menschlichen und menschlich religiösen Ideal", die Wilde nicht mehr nähren und stillen könne.[23] Dieser anti-britische Affekt wird sich in Zukunft — und vor allem während der beiden Weltkriege — noch verstärken und in drei Argumentationsmustern immer wieder durchscheinen: (1) Wilde ist die Sumpfblüte einer dekadenten englischen Gesellschaft; (2) Wildes Oberflächlichkeit ist typisch englisch und kontrastiert mit deutscher Tiefe, deutschem Gemüt und deutscher Kultur; und (3) Wilde ist das Opfer des britischen Materialismus und der *hypocrisy* und des *cant* der englischen Füh-

---

[20] Johannes Gaulke: Oskar Wilde's ‚Dorian Gray'. In: Die Gegenwart 60/27 (1901) S. 214–217.

[21] Vgl. etwa Richard Meyer: Oskar Wilde. Velhagen und Klasings Monatshefte (Juni 1913) S. 280–286.

[22] Thomas Mann: Nietzsche's Philosophie im Lichte unserer Erfahrung [1947]. In: Gesammelte Werke in dreizehn Bänden. Frankfurt ²1974. Bd. 9, S. 675–712, hier S. 707.

[23] Samuel Lublinski: Oskar Wilde. In: Zeitschrift für französischen und englischen Unterricht 4 (1905) S. 318–323, hier S. 323.

rungsschicht. Sowohl ein positives als auch ein negatives Wilde-Bild ließ sich damit in den Dienst anti-britischer Polemik stellen, für die es vom Burenkrieg bis zum Ersten und Zweiten Weltkrieg reichliche ökonomische, machtpolitische und militärische Motivationen gab.

Ein Paradebeispiel für das letzte Argumentationsmuster ist Egon Friedells während des Ersten Weltkriegs geschriebener *Dorian Gray*-Essay: In kaum zu überbietender Schwarzweiß-Malerei schildert er den Engländer als „Virtuosen der doppelten Buchführung", der mit seinem *cant* — dem „Talent nämlich, alles für gut und wahr zu halten, was einem jeweils praktische Vorteile bringt" — besten Gewissens Kolonien erobert und ausbeutet, und stellt ihm Wilde als leidend und verzehrt von Gewissensqual und innerem Widerspruch zwischen Schönheit und Güte gegenüber, als „verliebt in die Sünde und im Innern nur das Heilige suchend, von Genüssen zu Genüssen jagend und in seinen Zielen ein reiner, entsagungsvoller Asket". Der *Dorian Gray,* von der englischen Gesellschaft als pervers und unmoralisch verworfen, gerät dabei zum „Evangelium der Reinheit" und erscheint als „tiefsittliches Buch", als „vielleicht die moralischste Dichtung, die je geschrieben wurde — höchstens mit Ausnahme der Bibel [...]"[24].

So präpariert, konnte der dekadente Homosexuelle schließlich selbst vom Nationalsozialismus vereinnahmt oder zumindest dienstbar gemacht werden. Da er vor dem Stichjahr 1904 gestorben war, wurde er im Index des Reichspropagandaministerium (1942) nicht nur nicht automatisch schon als „Feindautor" eingestuft, sondern seine Werke wurden in dessen *Verzeichnis englischer und nordamerikanischer Schriftsteller* ausdrücklich mit denen von 106 anderen „Klassikern" freigegeben. Ja, seine sozialkritischen Stücke wurden mit entsprechender Betonung der Polemik gegen die englische Gesellschaft während des Kriegs häufig gespielt; der *Dorian Gray* erfuhr 1938 eine Neuauflage, und zwei seiner Märchen — „The Selfish Giant" und „The Happy Prince" — wurden 1943 vom Reichserziehungsministerium auf eine Liste der englischen Klassenlesestoffe an höheren Schulen gesetzt, die auch „unter den erschwerten Kriegsbedingungen Papier erhalten"[25]. Die Rolle, die *Dorian Gray* dabei spielen konnte, verdeutlicht am anschaulichsten Karl Schaezlers „Brief zu einem

---

[24] Egon Friedell: Das Bild des Dorian Gray. In: Schaubühne 13, 26 (1917) S. 591–594.
[25] Reiner Lehberger: Englischunterricht im Nationalsozialismus. Masch. Habil.-Schrift. Hamburg 1984, S. 204 u. 432.

englischen Bild" im katholischen *Hochland*.[26] Lord Henrys Kritik an der englischen Gesellschaft wird hier von einem, „der nach so langen Jahren wieder im feldgrauen Rock Kriegsdienste tut", als Propagandamittel gegen die „Gewaltpolitik" der englischen Imperialisten eingesetzt: Sie sei im Vergleich zur Reichspolitik, die von einer „echten Gemeinschaft" getragen wird, rein pragmatisch, materialistisch und „seelenlos". Wildes Roman ist daher auch nicht „unsittlich", obgleich ihm allenthalben „der süß-widerliche Hauch der Verwesung" entströmt, sondern kann in seiner Darstellung der Folgen von „Unsittlichkeit" den Frontsoldaten im Kampf gegen den „gewöhnlichen Realismus" und den „leeren Idealismus" (vgl. *Dorian Gray*, S. 10) der liberalen britischen Zivilisation und für eine Körper und Seele verschmelzende deutsche Kultur bestärken.

Und was hatte die akademische Literaturwissenschaft zu solchen Verzerrungen zu sagen? Sie zog sich, soweit sie sich mit einem so unappetitlichen und brisanten Gegenstand überhaupt befaßte, auf eine positivistische Quellen- und Einflußforschung zurück. In bezug auf *Dorian Gray* sind dabei zwei Aufsätze charakteristisch, die beide der Identifikation des „yellow book" (Kap. X—XI) und des Nachweises seiner Abhängigkeit von Joris-Karl Huysmans *À rebours* (1884) gewidmet sind.[27] Und was die Auseinandersetzung mit der Wilde-Rezeption betraf, so begnügte sie sich (s. o. Anm. 2) mit kompilierenden Referaten, die auf ein eigenes Urteil weitgehend verzichteten.

3. Zum Stand der Forschung

Wir können uns hier nun der Forschung zuwenden, weil seit dem Krieg die literaturwissenschaftliche Beschäftigung mit Wilde gegenüber der feuilletonistischen zunehmend an Bedeutung gewinnt; und wir brauchen dabei auch die Entwicklung in Deutschland nicht mehr separat zu behandeln, weil dabei nationale Sonderinteressen nur mehr eine untergeordnete Rolle spielen.

---

[26] Hochland 37 (1939/40) S. 327 f.
[27] Walter Fischer: ‚The Poisonous Book' in Oskar Wildes ‚Dorian Gray'. In: Englische Studien 51 (1917/18) S. 37—47 und Bernhard Fehr: Das Gelbe Buch in Oscar Wildes ‚Dorian Gray'. In: Englische Studien 55 (1921) S. 237—256.

Noch 1976 konnte der Forschungsstand zu Wilde witzig und zutreffend als „the absence of essential instruments, such as proper editions of the collected works, a proper bibliography, a proper life, a proper iconography; and [...] the presence of so many improper studies" charakterisiert werden.[28] Insgesamt ist das Schrifttum zu Wilde durch ein eklatantes Mißverhältnis von Quantität und Qualität und eine besonders in England noch nachwirkende Zurückhaltung der universitär etablierten Anglistik gekennzeichnet. Es fragt sich, ob dieses Mißverhältnis nicht seine Ursache im Forschungsgegenstand selbst hat, ob nicht Wildes Werk selbst und der besonders innige Zusammenhang von Werk, Biographie, öffentlicher Wirkung und Mythenbildung diesen Qualitätsmangel bedingt haben. Blickt man auf die ältere Forschung und noch auf einen Gutteil neuerer Publikationen, so sind diese durch drei verkürzende oder abwegige Tendenzen gekennzeichnet: (1) eine oft sterile und leerlaufende *sources and analogues*-Forschung, die durch die stark ausgeprägten derivativen Züge in Wildes Werk Nahrung erhält; (2) ein oft kämpferisches Werten oder Abwerten und, damit verbunden, ein extremer Subjektivismus der Standpunkte, der sich – freilich zu Unrecht, weil nur einen Aspekt seiner Ästhetik isolierend – auf Wildes eigene Kunsttheorie berufen zu können glaubt; (3) schließlich ein hagiographischer oder sensationslüsterner Biographismus, wie er vornehmlich von Freunden und Gegnern aus Wildes Lebensumkreis betrieben wurde und wie er durch Wildes Selbstdeutung legitimiert schien.[29]

In den letzten Jahrzehnten hat sich jedoch die Situation merklich gebessert. Dies betrifft schon den literaturhistorischen und geschichtlichen Kontext des englischen Fin de siècle, der 'Nineties, dessen Erforschung im diachronen Spannungsfeld von Spätromantik und Vormoderne und im synchronen von Ästhetizismus und Naturalismus in den letzten Jahrzehnten das Stadium anekdotenhafter Legenden hinter sich gelassen und damit auch der Wilde-Forschung neue Perspektiven eröffnet hat (s. u. IV. 3). Ein gediegener früher Vorläufer war hier Holbrook Jackson mit seiner Monographie über *The Eighteen Nineties* (1913 u. ö.), in der sich erstmals ein wissenschaftlich objektivierendes Interesse und der Versuch einer Zusammenschau aller Tendenzen in der Kunst und Literatur der

---

[28] Ian Fletcher / John Stokes: Oscar Wilde. In: Anglo-Irish Literature. A Review of Research. New York 1976, S. 48–137, hier S. 48.

[29] Vgl. dazu auch den Forschungsbericht in Norbert Kohl: Oscar Wilde, S. 15–32.

'Nineties ankündigten. An Publikationen der letzten Dekaden wären hier vor allem Arbeiten zu nennen, die einerseits die Vorgeschichte der 'Nineties in Romantik und Viktorianismus aufrollen — etwa Jerome H. Buckleys *The Victorian Temper* (1951), Graham Houghs *The Last Romantics* (1949), die von Ian Fletcher herausgegebene Aufsatzsammlung *Romantic Mythologies* (1967) und die beeindruckende Studie von Lothar Hönnighausen, *Präraphaeliten und Fin de Siècle* (1971) — bzw. den französischen Einflüssen nachgehen — wie Ruth Z. Temple in *The Critic's Alchemy. A Study of the Introduction of French Symbolism into England* (1953) —, oder andererseits die 'Nineties als Vorgeschichte des Modernismus erhellen, wie das wegbereitend Frank Kermode in *Romantic Image* (1957) vorgezeichnet hat. Die von Helmut E. Gerber herausgegebene Zeitschrift *English Literature in Transition, 1880—1920* (1957 ff.) ist ganz diesem literaturhistorischen Aspekt gewidmet und hat, neben zahlreichen anderen Studien zum ideologischen und kunsttheoretischen Spannungsfeld, in dem Wilde angesiedelt ist, dazu beigetragen, den „Paradigmakonflikt" zwischen traditionellen viktorianischen Positionen und den Provokationen von Naturalismus und Dekadenz zu klären.[30] Durch Arbeiten wie diese wurde die Wilde-Forschung aus ihrer Isolation befreit und Wildes Werk in übergreifende literaturhistorische und geistes- und sozialgeschichtliche Zusammenhänge gerückt.
Aber auch die Wilde-Forschung selbst hat sich in neuerer Zeit aus Dilettantismus und journalistischer Meinungsmache gelöst und sich einige solide Grundlagen geschaffen. Ein entscheidender Wendepunkt war dabei die von Rupert Hart-Davis 1962 zuverlässig edierte und vorzüglich kommentierte Ausgabe der Briefe, die nicht nur die erste vollständige Fassung von *De Profundis* bietet, sondern auch viele Mythen und Legenden früherer Biographien zerstreuen half.[31] Auf ihrer Grundlage konnte die neueste Biographie von H. Montgomery Hyde (1976), auch wenn sie nicht allen kritischen Anforderungen entspricht, zu einem brauchbaren Arbeitsinstrument werden.[32] Eine wichtige Ergänzung zu den Briefen und zur Biographie sind zwei Textsammlungen, die Wilde im Urteil seiner Zeitgenossen und damit in der Perspektive öffentlicher Wirkung zeigen: der von Karl

---

[30] Vgl. dazu auch die problematische, aber anregende Studie von Ulrich Horstmann: Ästhetizismus und Dekadenz. Zum Paradigmakonflikt in der englischen Literaturtheorie des späten 19. Jahrhunderts. München 1983.
[31] The Letters of Oscar Wilde. Hrsg. v. Rupert Hart-Davis. London 1962. Nützlich und leicht zugänglich sind die Selected Letters of Oscar Wilde. Hrsg. v. Rupert Hart-Davis. Oxford Paperback. Oxford 1979.
[32] H. Montgomery Hyde: Oscar Wilde. A Biography. London 1976.

Beckson herausgegebene Band in der Reihe *The Critical Heritage,* der unter anderem auch die Pressekampagne gegen *Dorian Gray* dokumentiert, und, von Edward H. Mikhail ediert, eine Sammlung von *Interviews and Recollection,* die ebenfalls auch zu *Dorian Gray* wichtiges Material bietet.[33] Mikhail verdanken wir zudem eine gründliche Bibliographie, die — zusammen mit der auch die deutschen Übersetzungen, Ausgaben und kritischen Beiträge fast lückenlos erfassenden Bibliographie in Norbert Kohls Wilde-Studie — endlich den Textbestand und die Rezeption zuverlässig aufschlüsselt.[34]

Eine Gesamtausgabe der Werke Oscar Wildes, die modernen textkritischen Standards genügen würde, ist freilich auch jetzt noch nicht einmal in Sicht. Die verschiedenen auf dem Markt befindlichen *Works* oder *Complete Works* verdienen alle diese Titel in Hinblick auf Zuverlässigkeit und Vollständigkeit nicht; dies gilt auch für die hier zugrundegelegte einbändige Ausgabe von G. F. Maine, nach der wir die Gedichte, Erzählungen, Essays und Dramen zitieren.[35] Wir befinden uns damit immer noch in der für einen Autor von Wildes internationalem Status grotesken, aber für dessen Einschätzung durch die englische Fachwissenschaft bezeichnenden Situation, daß die von Wildes Freund Robert Ross schon im ersten Jahrzehnt nach seinem Tod unkritisch kompilierte Werkausgabe immer noch verwendet und nachgedruckt werden muß.[36] Bezeichnend für das unterschiedliche Prestige Wildes in seiner Heimat und in Deutschland ist auch, daß hierzulande nun seit kurzem eine zehnbändige Taschenbuchausgabe der übersetzten Werke und Briefe vorliegt, die im Umfang und in der Sorgfalt der Textpräsentation alle englischen Ausgaben übertrifft, wenn auch sie noch keineswegs als definitiv gelten kann.[37] In Ermangelung einer kritischen Gesamtausgabe kommt kritischen Ausgaben einzelner Werke eine besondere

---

[33] Karl Beckson (Hrsg.): Oscar Wilde. The Critical Heritage. London 1971; Edward H. Mikhail (Hrsg.): Oscar Wilde. Interviews and Recollections. 2 Bde. London 1979.

[34] Edward H. Mikhail: Oscar Wilde. An Annotated Bibliography of Criticism. London 1978; Norbert Kohl: Oscar Wilde, S. 521—686.

[35] G. F. Maine (Hrsg.): Complete Works of Oscar Wilde. With an Introduction by Vyvyan Holland. London 1966 u. ö.

[36] Works. Hrsg. v. Robert Ross. 14 Bde. London 1908; Bd. 15. London 1922; Nachdruck: The First Collected Edition of the Works of Oscar Wilde, 1908—1922. 15 Bde. London 1969. Davon abhängig ist Works. Hrsg. v. Robert Ross. 12 Bde. London 1909; mit vier Supplementbänden London 1910—20.

[37] Sämtliche Werke in zehn Bänden. Hrsg. v. Norbert Kohl. Insel Taschenbuch. Frankfurt 1982.

Bedeutung zu. Und hier hat sich die Situation in den letzten Jahren und Jahrzehnten entscheidend verbessert. So gibt es nun von Wildes kritischen Schriften zwei kommentierte Auswahlbände, die die Neuentdeckung Wildes als ernstzunehmendem Vorläufer modernistischer Kunsttheorie widerspiegeln[38]; die Dramen erscheinen nach und nach in der textkritisch anspruchsvollen *New Mermaids*-Reihe, und *Dorian Gray* liegt nun kommentiert und neu ediert in der *Oxford English Novels*-Reihe vor.[39]

Wir sind hier relativ ausführlich auf die philologischen Grundlagen der Wilde-Forschung eingegangen, weil sie die Basis sind, die den Überbau der Wilde-Interpretation bedingt, und weil die lange Vernachlässigung dieser Basis mit die Schuld am Mißverhältnis von Quantität und Qualität der Interpretationen trägt. Zu den Interpretationen selbst können wir uns nun kürzer fassen, da wir in unserer eigenen Interpretation (s. u. III) auf vorliegende Ansätze differenziert eingehen werden.[40] Wir wollen es daher an dieser Stelle damit bewenden lassen, einige Tendenzen zu skizzieren.

Im Gegensatz zur Frühphase der Wilde-Rezeption ist die Wertungsfrage in den Hintergrund getreten. Apodiktische Urteile, wie sie oft gerade von Schriftstellern gefällt wurden — nach W. B. Yeats ist *Dorian Gray* „a wonderful book", nach James Joyce ist der Roman „rather crowded with lies and epigrams", nach W. H. Auden „a bore" und nach Joyce Carol Oates „one of the strongest and most haunting of English novels"![41] —, stehen ebensowenig mehr im Mittelpunkt der Diskussion wie die Frage, ob *Dorian Gray* ein moralisches oder immoralisches Werk ist. Das hat sicher auch damit zu tun, daß — wenn man einmal von der Fachdidaktik absieht (s. u.) — in einer *permissive society* das Problem von Kunst und Moral, von künstleri-

---

[38] The Artist as Critic. Critical Writings of Oscar Wilde. Hrsg. v. Richard Ellmann. New York 1968 und Literary Criticism of Oscar Wilde. Hrsg. v. Stanley Weintraub. Lincoln/Nebr. 1968.

[39] The Picture of Dorian Gray. Hrsg. v. Isobel Murray. Oxford 1974. Wir legen die leichter zugängliche, aber in der Einleitung und um den textkritischen Apparat gekürzte Version dieser Ausgabe in The Worlds Classics. Oxford 1981 zugrunde.

[40] Vgl. dazu den Forschungsbericht von Wolfgang Maier: Oscar Wilde. ‚The Picture of Dorian Gray'. Eine kritische Analyse der anglistischen Forschung von 1962 bis 1982. Frankfurt 1984.

[41] Karl Beckson (Hrsg.): Oscar Wilde. The Critical Heritage. London 1970, S. 111 u. 269; W. H. Auden: An Improbable Life. In: Richard Ellmann (Hrsg.): Oscar Wilde. A Collection of Critical Essays. Englewood Cliffs / N. J. 1969, S. 116–137, hier S. 135; Joyce Carol Oates: ‚The Picture of Dorian Gray': Wilde's Parable of the Fall. In: Critical Inquiry 7 (1980) S. 419–428, hier S. 420.

scher Freiheit und gesellschaftlicher Zensur heruntergespielt wird und das Sujet des *Dorian Gray* angesichts der aktuellen Kunstproduktion kaum mehr zu provozieren vermag, ja die provokative Wirkung auf die Zeitgenossen kaum mehr spontan nachzuvollziehen ist. An die Stelle moralischer Schwarzweiß-Malerei und kategorischer Wertungen ist ein eher analytischer Umgang mit dem Roman getreten, der dessen Strukturen zu beschreiben versucht, sie in Beziehung zu Strukturen in Wildes Gesamtwerk oder in anderen Werken des Fin de siècle setzt, und damit zu differenzierteren Aussagen über dessen Intentionen kommt.

So konnten sich eine Reihe von Wilde-Gesamtdarstellungen auch aus dem biographistischen Darstellungsschema lösen, indem sie vom Werk selbst ausgehen und diesem dann fallweise biographische, literaturhistorische und sozialgeschichtliche Kontexte zuordnen. Als zentral sowohl für das Gesamtwerk als auch für den *Dorian Gray* erwiesen sich dabei der psychologische Aspekt und damit verbunden der sozialpsychologische der Homosexualität[42], die Dimension des Gesellschaftsbezugs[43], das Dandytum[44], die moralische Subversion[45], die ästhetische Struktur[46] und die dem Werk eingeschriebene kunsttheoretische Reflexion im Kontext von Ästhetizismus, Symbolismus und Dekadenz.[47] Den Versuch, diese verschiedenen Perspektiven zu integrieren, unternimmt schließlich Norbert Kohl in seiner 1980 vorgelegten monumentalen Monographie (vgl. Anm. 3), die aufgrund ihrer Materialfülle, ihrer gründlichen Machart und ihres weitreichenden Ansatzes, der das Werk in der Dialektik von „Provokation und Anpassung" erschließt, noch geraume Zeit der Ausgangspunkt jeder seriösen Beschäftigung mit Wilde bleiben wird.

Und die Fachdidaktik? Seit den zwanziger Jahren gibt es in Deutschland eine selbst durch den Faschismus nicht unterbrochene Tradition der Wilde-Lektüre im Englischunterricht, und auch in den Lehrplänen der Bundesländer erscheint er regelmäßig als empfohlener Autor. Am *Dorian Gray* geht jedoch diese Tradition konsequent vorbei. So wurden zum Beispiel von bundesrepublikanischen

---

[42] Hier sind vor allem die Arbeiten von Robert Merle zu nennen: Oscar Wilde. Paris 1948 und Paris 1957; Oscar Wilde ou la ‚destinée' de l'homosexuel. Paris 1955.

[43] Etwa in George Woodcock: The Paradox of Oscar Wilde. London 1949.

[44] Etwa in Edouard Roditi: Oscar Wilde. Norfolk/Conn. 1947.

[45] Christopher S. Nassaar: Into the Demon Universe. A Literary Exploration of Oscar Wilde. New Haven 1974; Rodney Shewan: Oscar Wilde. Art and Egotism. London 1977.

[46] Epifanio San Juan, Jr.: The Art of Oscar Wilde. Princeton 1967.

[47] Aatos Ojala: Aestheticism and Oscar Wilde. 2 Bde. Helsinki 1954—1955.

Schulbuchverlagen über zwanzig Lektürehefte mit Wildes Kunstmärchen und Erzählungen und sechs mit Dramen vorgelegt, aber
keine einzige Schulausgabe des Romans. Sicher spricht für diese
Praxis, daß der in einzelnen Passagen auch sprachlich schwierige
Langtext im Englischunterricht besondere Probleme aufwirft; ebenso sicher steht hinter dieser Praxis aber auch die fragwürdige pädagogische Überlegung, daß der Roman sich aufgrund seiner dubiosen
Moral weniger für Gymnasiasten eignet als die vermeintlich erbau-
liche Moral der Märchen und die vermeintlich unverfängliche Kritik
der Dramen an einer vergangenen Gesellschaft. Erbaulich und
unverfänglich sind diese jedoch nur, wenn sie isoliert vom Kontext
des Gesamtwerks gesehen werden, in dessen Zentrum *Dorian Gray*
steht, und die Fragen, die dieser beunruhigend aufwirft, sind durchaus Fragen, die Gymnasiasten bewegen. Darüber hinaus würde er
sich in besonderer Weise für einen fächerübergreifenden, projekt-
orientierten Unterricht eignen und könnte etwa in ein Projekt zum
europäischen Ästhetizismus oder zum Bildungs- und Entwicklungsroman als interessantes Dokument integriert werden. Das vorliegende Buch will auch dazu Anregungen geben.

4. Die kreative Rezeption: Bearbeitungen des „Dorian Gray"

1897 schrieb Oscar Wilde an seinen Freund Max Beerbohm, den
Karikaturisten und literarisch-satirischen Kleinmeister:

> I had always been disappointed that my story had suggested no other
> work of art in others. For whenever a beautiful flower grows in a meadow
> or lawn, some other flower, so like it that it is differently beautiful, is sure
> to grow up beside it, all flowers and all works of art having a curious
> sympathy for each other. (L 576)

Was Wilde hier in ästhetizistisch verspielter Blumenmetaphorik
umschreibt, ist nichts anderes als ein Programm dessen, was die post-
strukturale Literaturtheorie wesentlich weniger poetisch „Intertextualität" nennt, das unendlich verzweigte Netzwerk der Bezüge zwischen einem Werk und seinen Vorgängern und Nachfolgern.[48]

---

[48] Vgl. dazu Ulrich Broich / Manfred Pfister (Hrsg.): Intertextualität. Tübingen 1985.

Ein solches Programm mußte Wilde schon deshalb besonders naheliegen, weil seine eigenen Werke in vielfältiger Weise die Anregungen anderer Werke aufgreifen, auf diese anspielen oder sie zitieren. Dies gilt, wie wir sehen werden, auch für *Dorian Gray,* auf den sich die Briefstelle bezieht, und auch für ihn wird sich die zweite Dimension der Intertextualität eines Werks, die Wilde hier anspricht, sein Weiterwirken in anderen Werken, zumindest quantitativ in reicher Weise erfüllen. Denn das Fortleben von Wildes Werken besteht nicht nur darin, daß sie immer neu aufgelegt und gelesen, immer neu übersetzt und aufgeführt, immer neu analysiert und interpretiert werden, sondern auch und vor allem in einer Rezeption, die selbst künstlerisch kreativ wird, in der kreativen Rezeption von Bearbeitungen und Umsetzungen in andere Medien, von Variationen über dasselbe Thema, von parodistischen Kontrafakturen oder Huldigungen. Oscar Wildes Werke haben hier eine besondere Anregungskraft bewiesen: man denke nur an Tom Stoppards theatralische Collage *Travesties* (1974), die die Handlungsstruktur von *The Importance of Being Earnest* mit den Biographien und Texten von James Joyce, Tristan Tzara und Lenin verknüpft, oder an Aubrey Beardleys *Salomé*-Illustrationen (1894) und die Opernfassung von Richard Strauss (1905), die das Original schier verdrängt haben.

Diese kreative Rezeption setzt für *Dorian Gray* schon unmittelbar nach dessen Erscheinen ein: Der wohl bedeutendste Dichter des englischen Fin de siècle, Lionel Johnson, schickt Wilde ein preziös in Latein verfaßtes Huldigungsgedicht „In Honorem Doriani Creatorisque Eius", das das dekadente Sujet des Romans — „Hic sunt poma Sodomorum; / Hic sunt corda vitiorum; / Et peccata dulcia." — feiert.[49] Die hymnisch überhöhte Sprache und die Wahl des Kirchenlatein sind jedoch nicht frei von parodistischen Obertönen, wie ja überhaupt — und das wird einen Leitgedanken unserer *Dorian Gray*-Interpretation abgeben — der Dekadentismus dort, wo er nicht verflacht ist, immer ein Element bewußt theatralischer Übertreibung und damit der Selbstkritik und Selbstparodie einschließt. Ganz im Bereich spielerischer Kontrafaktur sind wir mit Max Beerbohms „The Happy Hypocrite" (1896), jener Erzählung nach dem *Dorian Gray*-Muster, für die sich Wilde im oben zitierten Brief bedankt.[50]

---

[49] Lionel Johnson: Complete Poems. Hrsg. v. Ian Fletcher. London 1953, S. 246; auch in Richard Ellmann (Hrsg.): Oscar Wilde. A Collection of Critical Essays, S. 39.
[50] Die Erzählung erschien in The Yellow Book 11 (1896) S. 11—44.

Sie nimmt Wildes Prosastil, das Motiv des Dandy, seiner Liebe zu einer Schauspielerin und vor allem das Zentralmotiv der Persönlichkeitsspaltung auf, aber wo Dorian und sein magisches Bild einander immer unähnlicher werden, gleicht sich Beerbohms Lord George Hell auf geheimnisvolle Weise der Heiligenmaske an, mit der er die Schauspielerin für sich gewinnt – eine Palinodie auf die Dekadenz, die typisch für das veränderte Klima nach Wildes Sturz ist!

Wir haben bereits im Zusammenhang mit der deutschen Wilde-Rezeption auf Dramatisierungen des *Dorian Gray* hingewiesen, und es verwundert nicht, daß dieser Roman mehrmals für die Bühne bearbeitet wurde, besitzt er doch in seinen lebhaften Dialogszenen, seiner dramatisch spannenden Handlungsentwicklung und dem spektakulären Bildmotiv ausgesprochen theatralische Qualitäten. Die jüngste dieser zahlreichen Adaptionen ist John Osbornes „Moral Entertainment" (1973), das jedoch ebensowenig wie die vorausgehenden der Gefahr der Veräußerlichung der Geschichte entgeht.[51] Kühner ist da schon eine surrealistische „pièce fantastique" Jean Cocteaus und Jacques Renauds, die das Geschehen zu fünf Tableaux gerinnen läßt und so das magische Bildmotiv ganz in den Vordergrund rückt.[52] Selbstverständlich hat auch der Film sich diesen Stoff nicht entgehen lassen und hier vor allem wiederum der Stummfilm, dem die visuellen und phantastischen Aspekte der Geschichte entgegenkamen. Unter den fünf Stummfilmversionen ragt jedoch nur die russische Vsewolod Meyerholds von 1915 heraus, während auch die amerikanischen (1944) und deutsch-italienischen (1969) Tonfilmfassungen trivialisierendes Mittelmaß bleiben. Eine jüngste deutsche Underground-Produktion, Ulrike Ottingers *Dorian Gray im Spiegel der Boulevardpresse* (1984), spielt mit den Klischees des Horror Films und versetzt Wildes Figur in die Medienwelt, hat aber, abgesehen vom Titel und dem narzißtischen Helden, nur noch wenig mit dem Original zu tun. Daneben weisen entsprechende Nachschlagwerke noch mehrere Opern- und eine Ballettfassung aus, die sich jedoch alle – verdienterweise? – nicht durchsetzen konnten. Und schließlich hat der Roman um ein Bild auch auf die bildende Kunst gewirkt, die das Portrait Dorians

---

[51] John Osborne: The Picture of Dorian Gray. A Moral Entertainment. Adapted from the novel by Oscar Wilde. London 1973. – Zu weiteren Bearbeitungen vgl. Norbert Kohl: Oscar Wilde, S. 227.

[52] Jean Cocteau / Jacques Renaud: Portrait surnaturel de Dorian Gray. Collection Les Inédits. Paris 1978. – Vgl. dazu J.-M. Magnan: Jean Cocteau et le double peint de Dorian Gray. In: Cahiers Jean Cocteau 8 (1979) S. 185–192.

nachlieferte — am eindruckvollsten in Ivan Le Lorraine Albrights *The Picture of Dorian Gray* (1943/44), ein Gemälde des amerikanischen Magischen Realismus von schriller Drastik und wüstem Horror.[53]

Insgesamt hat keiner dieser Söhne und Enkel Dorians den Rang des Originals erreicht. Sie dokumentieren zwar die Breitenwirkung des Romans, dessen Held inzwischen in die populäre Mythologie eingegangen ist, in jenen Olymp, den Frankenstein und Superman, Graf Dracula und Dr. Jekyll und Mr. Hyde, Sherlock Holmes und Dr. Mabuse bevölkern; als kreative Auseinandersetzung mit Wildes Original und seiner mythenbildenden Kraft wiegen sie jedoch gering.

---

[53] Ein Farbdruck davon findet sich in Tom Armstrong (Hrsg.): Amerikanische Malerei 1930—1980. München 1982, S. 104.

II. Biographie und Gesamtwerk

1. Die Bildnisse des Oscar Wilde

Bei aller Verachtung der viktorianischen Gesellschaft gegenüber, die Oscar Wilde zur Schau stellte, war er doch sehr um das Bild bemüht, das sich diese von ihm machte. Nicht nur war er als freischaffender Schriftsteller, der, abgesehen von den Kapitalerträgen seiner Frau, nicht über die *independent means* eines Rentiers verfügte, schon ökonomisch darauf angewiesen, die Aufmerksamkeit des Publikums zu erregen und von ihm akzeptiert zu werden; auch von seiner Persönlichkeitsstruktur her war, wie W. H. Auden in einer Rezension der *Letters* 1963 schrieb, „the approval of Society [...] essential to his self-esteem"[1]. Wie der Dandy, der im *Dorian Gray* und in seinen Dramen eine so wichtige Rolle spielt (s. u. III. 2), brauchte er ein Publikum, vor dem er sich in Szene setzen konnte und das er gleichzeitig durch seine Mißachtung provozieren und durch seinen Witz und Charme fesseln wollte. Die Provokation mußte wohldosiert sein, sollte sie doch Aufmerksamkeit für ihn erwecken, ohne dabei in Verachtung umzuschlagen. In dieser Dialektik von „Provokation und Anpassung" des „angepaßten Rebellen" Oscar Wilde[2] sind Wildes öffentliche Selbstdarstellung als Konversationskünstler, Ästhet und Dichter, das implizite Selbstbild in seinen Werken und

[1] Wiederabgedruckt in W. H. Auden: An Improbable Life. In: Richard Ellmann (Hrsg.): Oscar Wilde. A Collection of Critical Essays. Englewood Cliffs/N. J. 1969, S. 116–137, hier S. 127.

[2] Dies sind die Leitbegriffe der Wilde Interpretation Norbert Kohls in N. K. (Hrsg.): Oscar Wilde. Leben und Werk in Daten und Bildern. Frankfurt 1976 und N. K.: Oscar Wilde. Das literarische Werk zwischen Provokation und Anpassung. Heidelberg 1980. – Das umfangreiche biographische Schrifttum zu Wilde, in der Anfangsphase überwiegend von selbsternannten „Boswells" verfaßt (Alfred Douglas, Robert H. Sherard, Frank Harris u. a.), verliert sich weitgehend in apologetischer oder denunziatorischer Mythisierung und Anekdotentum. Wissenschaftliche Standards zuverlässiger Faktentreue wurden erst in der von Rupert Hart-Davis besorgten und sorgfältig kommentierten Gesamtausgabe der Briefe (s. o. I. 3) erreicht; einen entscheidenden Fortschritt verspricht die in Arbeit befindliche Wilde-Biographie Richard Ellmanns, der sich ja schon durch seine monumentale Werk-Leben-Monographie zu James Joyce (1959) für diese Aufgabe qualifiziert hat.

seine expliziten Selbstportraits in den Briefen bis hin zu *De Profundis* (1897 geschrieben, aber erst 1962 vollständig veröffentlicht) zu sehen.

Im Rückblick von *De Profundis* sah sich Wilde selbst als „a man who stood in symbolic relations to the art and culture of my age", und er betonte im selben Zusammenhang auch die Einheit seines Lebens und Werks als übergreifendes „Gesamtkunstwerk", in dem ästhetische Fiktionen und Selbststilisierung der eigenen Existenz nicht mehr kategorial getrennt sind: „I treated Art as the supreme reality, and life as a mere mode of fiction." (L 466) Ein Biograph, aber auch ein Interpret Wildes, der davon abstrahiert, ebenso wie ein Biograph oder Interpret, der Wilde seine Selbstdarstellung unhinterfragt abnimmt und Anspruch und Wirklichkeit nicht zueinander in Beziehung setzt, wird, wie Wilde über eine Rossetti-Biographie schrieb, nur eine „Cheap Edition of a Great Man" liefern, „the sort of biography Guildenstern might have written of Hamlet"[3]. Erst in dieser Einheit kommt Wilde der von ihm reklamierte historische Repräsentanzwert zu, der über „art and culture" hinausreicht bis in die Widersprüche der Gesellschaft selbst, und nur von dieser Einheit her ist auch Wildes Maxime im „Preface" zu *Dorian Gray* zu relativieren, nach der „[to] conceal the artist is art's aim". Wir brauchen — und können — hier freilich keine umfassende Biographie Wildes zu schreiben, die dieser spannungsreichen Einheit im Detail nachginge; wir müssen uns vielmehr damit begnügen, mit Fokus auf *Dorian Gray* den gesellschaftlichen und individuellen Bedingungsrahmen und die autobiographischen Implikationen des Werks zu skizzieren. (Zu den biobibliographischen Daten vgl. auch den tabellarischen Überblick in VI)

Oscar Wilde, 1854 in einer großbürgerlichen, aber recht exzentrischen Familie des anglo-irischen Establishments von Dublin geboren, trug im Gegensatz zu den beiden anderen großen irischen Schriftstellern der 'Nineties, G. B. Shaw und William Butler Yeats, und im Gegensatz auch zu seiner Mutter, die unter dem Pseudonym „Speranza" für die Young-Ireland-Bewegung schrieb, sein Irentum auf leichter Schulter. Der irische Nationalismus und der Kampf um die politische Unabhängigkeit bedeuten ihm wenig, und wenn er sich mit irischen Traditionen in irgendeiner Weise identifizierte, so waren dies die des geistreichen Witzes und der Komik, wie sie schon

---

[3] Zitiert nach Eric Warner / Graham Hough (Hrsg.): Strangeness and Beauty. Cambridge 1982, Bd. 2, S. 137. — Das ist eine von Wildes Pointen, derer Bedeutung für Tom Stoppard von der sonst so emsigen Forschung zu diesem Wilde-Epigonen noch nicht gesehen wurde.

im 18. Jahrhundert etwa Richard Brinsley Sheridan kultiviert hatte. Zunächst Griechenland, dann Italien und später Frankreich waren für den Studenten der klassischen Literatur wichtigere Orientierungsmarken, und England — Oxford und London — bot einen attraktiveren gesellschaftlichen Rahmen für seine Selbstdarstellung als Dublin. So sah er es auch im Nachhinein als die zwei entscheidenden Wendepunkte seines Lebens an, „when my father sent me to Oxford, and when society sent me to prison". (L 469)

Oxford (1874—78) brachte ihn in Kontakt mit John Ruskin und Walter Pater, den beiden Hauptvertretern des Ästhetizismus in England, deren unterschiedliche Positionen in der Gegenüberstellung von Basil Hallward und Lord Henry Wotton in *Dorian Gray* eingehen werden (s. u. III. 3 u. IV. 3), und vor allem mit Paters *Studies in the History of the Renaissance,* dieses „golden book", von dem Wilde in *De Profundis* schreibt, es habe — hierin dem „yellow book" vergleichbar, das Lord Henry Dorian gibt (Kap. X—XI) — „such a strange influence over my life" gehabt (L 471). Oxford und Pater vertieften aber auch die schon am Dubliner Trinity College erfahrene Begeisterung für das Griechentum und den damit verbundenen homoerotischen Kult männlicher Schönheit als eine Form des ästhetizistischen Protests gegen die Banalität viktorianischer Existenz, und wenn er auch wohl erst 1886, also bereits als Ehemann und Vater, zum „praktizierenden Homosexuellen" wird[4], ist seine Homophilie hier schon angelegt. Insofern ist James Joyces Interpretation zuzustimmen, obgleich sie nur einen Aspekt erfaßt (s. u. III. 2 u. IV. 2): „Wilde, far from being a perverted monster who sprang in some inexplicable way from the civilization of modern England, is the logical and inescapable product of the Anglo-Saxon college and university system, with its secrecy and restrictions."[5]

---

[4] Vgl. dazu Richard Ellmann, The Critic as Artist as Wilde. In: R. E. Golden Codgers. Biographical Speculations. New York 1973, S. 60—80, hier S. 69 f. Ellmann sieht einen Bezug zwischen Wildes 32. Geburtstag in diesem Jahr und dem Beginn des 10. Kapitels der Zeitschriftenfassung von *Dorian Gray,* das die Ermordung Basil Hallwards auf Dorians 32. Geburtstag datiert — eine Spur, die in der Buchfassung getilgt wird. Vgl. jedoch die Kritik an dieser Spätdatierung von Wildes Initiation in homosexuelle Praktiken, die auf Arthur Ransome: Oscar Wilde. A Critical Study. London 1912 zurückgeht, in Brian Reade: Introduction, In: Sexual Heretics. Male Homosexuality in English Literature from 1850 to 1900. Hrsg. von B. R., London 1970, S. 24 f.

[5] James Joyce: Oscar Wilde: The Poet of ‚Salome'. In: Ellsworth Mason / Richard Ellmann (Hrsg.): The Critical Writings of James Joyce. New York 1959, S. 201—205, hier S. 204.

Erst wenn Wilde den Elfenbeinturm von Magdalen College mit glänzendem Examen und preisgekrönt für sein Gedicht „Ravenna" verläßt, setzt jener Mechanismus von Provokation und gesellschaftlicher Gegenreaktion ein, der ihn in sich eskalierenden Phasen ins Abseits der Paria-Existenz führen wird. Und diese Phasen decken sich, wie wir noch zeigen werden (s. u. II. 2), weitgehend auch mit der Entwicklung seines Werkes.

In der ersten Phase, in der sich Wilde in der literarischen und gesellschaftlichen Welt Londons zu etablieren versucht, spielt er die Rolle des Dandy und Ästheten, der mit extravaganter Kleidung, pointierten Aperçus und mit der ästhetizistischen Heilsbotschaft von Schönheit und Kunst als Remedur viktorianischer Malaise Aufsehen erregt. Außer sich selbst hat er dabei noch kaum Werke vorzuweisen (wenn man von verstreuten und dann 1881 gesammelten Gedichten eklektizistischer Machart und einer verunglückten Tragödie absieht), mit denen er seinen Anspruch legitimieren könnte. Entsprechend harmlos fällt die Reaktion der Gesellschaft aus: Sie antwortet mit amüsiertem Spott und Parodie. Die satirische Zeitschrift *Punch* und andere Karikaturisten stellen den selbsternannten Propheten des *Aesthetic Movement* mit effeminiert wallender Haartracht, „aesthetic garb" und notorischer Sonnenblume oder Lilie dar; und seine erste Vortragsreise durch Amerika (1882), auf der er u. a. über „The English Renaissance of Art" und „House Decoration" sprach, diente auch dazu, für Gilbert und Sullivans satirische Operette auf die ästhetische Bewegung, *Patience,* zu werben, in deren „Helden" Reginald Bunthorne und Archibald Grosvenor die Zeitgenossen ein kombiniertes Portrait Wildes erkennen wollten. Die Satire und das Objekt der Satire steigerten also gegenseitig ihren Bekanntheitsgrad und Marktwert! Diese, wie es schien, prästabilierte Harmonie von herausfordernder Pose und öffentlichem Amüsement über das bloße Posieren charakterisiert das Verhältnis zwischen Wilde und seinem Publikum in den achtziger Jahren auf ebenso sinnfällige Weise wie das die Tatsache tut, daß der als Verkünder einer ästhetischen Lebensreform auch für Mode und Innendekoration Zuständige noch 1887–89 zum Herausgeber der Zeitschrift *The Woman's World* arriviert.

Die prästabilierte Harmonie zerbricht jedoch in den späten achtziger Jahren in dem Maß, in dem Wilde sich nicht mehr damit begnügt, einen eindimensionalen Ästhetizismus des Dekorativen und Ornamentalen und die Suprematie des Ästhetischen zu verkünden, sondern pointierter und aggressiver die Freiheit der Kunst von jeder moralischen Bindung, ja die besondere Affinität zwischen Kunst-

schöpfung und moralischer Devianz vertritt. Diese Radikalisierung ist sicher auch durch seine Initiation in promiskuitive homosexuelle Beziehungen bedingt, die ihn schon bald mit der Welt homosexueller Prostitution, der Welt der *renter* und des *trade,* in Berührung bringen wird. Damit verschärft sich das dandyhafte Posenspiel zum wirklichen Doppelleben, das Transgressionen zu decken hat, die von der Gesellschaft als in höchstem Maß kriminell geahndet wurden (s. u. IV. 2). Die Transgressionen blieben der Öffentlichkeit jedoch vorerst noch verborgen, ihre Spur schrieb sich allerdings den Werken in sichtbarer Weise ein. Denn gerade in diesen späten achtziger Jahren wurde Wilde erst eigentlich zum Schriftsteller, und die Werke, die nun entstehen — die Märchen, die kunsttheoretischen Essays, die Erzählungen und schließlich *Dorian Gray* — verdanken sowohl ihren künstlerischen Fortschritt gegenüber den frühen Gedichten als auch ihre stärkere gesellschaftliche Provokationskraft den transgressiven Erfahrungen und dem damit verbundenen Konflikt von ethischen und ästhetischen Werten. Und wenn auch Wilde immer wieder versucht, den latenten Immoralismus in einem zwar auch die gesellschaftlichen Normen provozierenden, jedoch gesellschaftlich noch akzeptablen Amoralismus abzufangen: spätestens mit „The Portrait of Mr. W. H." (1889), das einem homoerotischen Shakespeare huldigt, mit „Pen, Pencil and Poison" (1889), das den Zusammenhang von Kunst und Kriminalität feiert, und mit der Zeitschriftenfassung des *Dorian Gray* (1890) erscheint Wilde im öffentlichen Licht der Tagespresse als Dekadenzliterat,„spawned from the leprous literature of the French Décadents", wie der *Daily Chronicle* anläßlich des *Dorian Gray* schrieb.[6] Hier hörte der Spaß auf, und hier trat an die Stelle von amüsiertem Spott und Parodie eine Pressekampagne der Denunziation, mit der ein zunehmend verunsichertes öffentliches Bewußtsein am Exempel Wilde mit den Schlagwörtern der Dekadenz, Morbidität und Perversion auf das fremde und ungesunde Importgut aus Frankreich einhieb — auf Ästhetizismus und Sybolismus ebenso wie auf den Naturalismus, die ja alle, wenn auch auf unterschiedliche Weise, die viktorianischen Normen der Dezenz und der Unterordnung der Kunst unter die Moral bedrohten. (s. u. IV. 3)
Von hier war es nur noch ein Schritt zur letzten Eskalationsstufe, in

---

[6] Die öffentliche Auseinandersetzung um den *Dorian Gray* wurde erstmals von Wildes Freund Stuart Mason in dem Band Art and Morality. A Defence of ‚The Picture of Dorian Gray'. London 1908 dokumentiert; die wichtigsten Beiträge sind auch zugänglich in Karl Beckson (Hrsg.): Oscar Wilde. The Critical Heritage. London 1970, S. 67 ff.

der auf die öffentliche Aburteilung des Dekadenzliteraten die offizielle Verurteilung des Dekadenten im Gerichtssaal des Old Bailey (1895) folgte. Der Schritt verzögerte sich jedoch zunächst, da Wilde im neuentdeckten Medium des Theaters einen neuen Kontakt mit seinem Publikum herzustellen vermochte und dieses durch seine brillante Konversationskunst, die sich in der Unmittelbarkeit des Mediums Drama besonders entfalten konnte, und durch die Zurücknahme seiner subversiven Philosophie der Sünde neu für sich gewann. Das Aufführungsverbot für *Salomé* durch den Lord Chamberlain (1892) zeigte freilich deutlich, daß ihm dabei enge Grenzen gezogen waren. Und er überschätzte auch die Unangreifbarkeit seiner Popularität und seines Status, die ihm die triumphalen Erfolge der *society plays* einbrachten, wenn er glaubte, die Gesellschaft nun durch ein öffentliches Zurschaustellen seiner Männerbeziehungen – vor allem zu Lord Alfred Douglas, den er 1891, also nach *Dorian Gray*, kennengelernt hatte – weiter provozieren zu können.

Sein unausweichlicher Sturz ins Paria-Dasein des rechtmäßig verurteilten Homosexuellen, des Zuchthäuslers von Reading und Verbannten, war dabei von doppelter tragischer Ironie: Er ereilte ihn, als er mit *The Importance of Being Earnest* gerade seinen größten Triumph gefeiert hatte; und er wurde unmittelbar von ihm selbst herbeigeführt, als er das Gerichtswesen jener Gesellschaft, deren Rechtsnormen er flagrant verletzte, zum Schutz gegen die Verfolgung und Beleidigungen durch Lord Alfreds Vater, den Marquess of Queensberry anrief. Wie Wilde selbst 1897 in seinem langen Brief der Selbstanklage und Selbstrechtfertigung, später unter dem Titel *De Profundis* veröffentlicht, schrieb: „The one disgraceful, unpardonable, and to all time contemptible action of my life was my allowing myself to be forced into appealing to Society for help and protection against your father." (L 491) Daß bei diesem Prozeß nicht nur der „Sodomit" Wilde, sondern auch der Schriftsteller Wilde und sein Werk auf der Anklagebank saßen, machen die Akten der drei Verfahren ebenso deutlich wie die Tatsache, daß hier Wilde zum Sündenbock einer Gesellschaft gemacht wurde, in der die Homosexualität keineswegs so abnorm war, wie das die drakonischen Gesetze unterstellten, denn schließlich überwachte die Londoner Polizei in den 'Nineties nicht weniger als 20 000 Personen wegen dieses Vergehens und hatte dabei alle Mühe, nicht auch Vertreter der führenden Gesellschaftsschichten zu involvieren.[7] (s. u. IV. 2)

---

[7] Die vollständigste Dokumentation des Verlaufs der drei Prozesse bietet H. Montgomery Hyde: The Trials of Oscar Wilde. London 1948; erweiterte Ausgabe London 1962.

Von diesem Fall aus der gesellschaftlichen Anerkennung in die äußerste Schmach erholte sich Wilde als Mensch und als Künstler nicht mehr. Sein Versuch in *De Profundis*, sich in der christlichen Rolle dessen darzustellen, der durch Sünde zur Selbsterkenntnis und Demut gefunden hat und christusgleich seine Individualität im Leiden erfüllt, ist durch Selbstinszenierung und Selbstverkennung getrübt, und seine Identifikation mit den Opfern der Gesellschaft in der *Ballad of Reading Gaol* (1898) gerät allzu melodramatisch und posenhaft. So versieht er auch die neuen Selbstbildnisse posenhaft mit neuen Namen: Die *Ballad* erscheint mit der Verfasserangabe „C. 3. 3.“, Wildes Sträflingsnummer in Reading Gaol, und in den letzten Jahren in Italien und Frankreich bedient er sich des Decknamens „Sebastian Melmoth“, des schuldbeladenen und faustisch umgetriebenen Helden einer berühmten *gothic novel* seines Ur-Onkels Charles Maturin. Unter diesem Namen stirbt er, auf dem Sterbebett in die Katholische Kirche aufgenommen, 1900 in Paris, so wie er gelebt hat: „beyond his means“ – sein letztes überliefertes, und vielleicht brillantestes, weil Selbsterkenntnis mit existentiellem Witz verbindendes Aperçu.[8]

The Picture of Dorian Gray steht im Zentrum dieser Biographie, die durch Rollenspiel und Selbstinszenierung gekennzeichnet ist, und es ist in gewisser Hinsicht auch eines der Bildnisse des Oscar Wilde. Und es verdankt sich der konsequenten Dialektik dieses bezaubernden und provozierenden Rollenspiels und nicht einem Verhängnis, von dem Wilde so oft sprach, und auch nicht einer besonderen prophetischen Gabe, die ihm manche seiner Interpreten bald unterstellten, daß der Roman das eigene Schicksal – die Begegnung mit Alfred Douglas, die gesellschaftliche Ächtung und das tragische Ende – im fiktionalen Modell vorwegzunehmen scheint.

2. Der Kontext des Gesamtwerks

So wie Wilde sein Leben zum Kunstwerk stilisieren wollte und sich seine Biographie im Nachhinein tatsächlich als klar gegliedert, spannungs- und peripetienreich, von hohem historischem Repräsentanzwert und gerade in seinen Widersprüchen schlüssig wie ein Drama

---

[8] H. Montgomery Hyde, Oscar Wilde, S. 471.

erweist[9], so entfaltet sich auch sein Werk mit zwingender Dialektik und in überschaubarer Ordnung. Vier Phasen lassen sich dabei voneinander abheben, deren erste drei nacheinander in der Lyrik, der Essay- und Erzählprosa und dem Drama ihren Schwerpunkt haben, während die *vierte* Phase, die Phase seines Paria-Daseins nach dem Prozeß (1895—1900), schließlich im Zeichen der Apologie steht (*De Profundis*, 1897; *The Ballad of Reading Gaol*, 1898). Die *erste* Phase reicht von 1876, den frühen Gedichtveröffentlichungen des Oxforder Studenten, bis in die Mitte der achtziger Jahre und hat ihr Zentrum in den gesammelten *Poems* von 1881. Die *zweite* Phase ist von der Erzählprosa und dem kunsttheoretischen Essay bestimmt: Die Dialog-Essays *The Decay of Lying* und *The Critic as Artist* erscheinen 1889 bzw. 1890 und werden gemeinsam mit anderen in *Intentions* (1891) zusammengefaßt; die Kunstmärchen werden in den beiden Bänden *The Happy Prince and other Tales* (1888) und *A House of Pomegranates* (1891) und die Kurzgeschichten in *Lord Savile's Crime and other Stories* (1891) gesammelt, und 1890/91 erscheint auch *The Picture of Dorian Gray* zunächst als Zeitschriftennovelle, dann als Roman (s. u. II. 3). Daran schließt sich 1892—1895 die *dritte*, die Dramenphase, an mit *Lady Windermere's Fan* und *Salomé* (1892), *A Woman of No Importance* (1893), *An Ideal Husband* und *The Importance of Being Earnest* (1895). Der *Dorian Gray*, am Ende der zweiten Phase stehend, markiert also in gewisser Weise den Mittelpunkt des Gesamtwerks und ist von daher schon besonders eng mit den vorausgegangenen und folgenden Werken verbunden. Dies wollen wir im Folgenden zeigen, wobei es uns nicht um die beim notorischen „Eigenplagiator" Wilde häufigen punktuellen Selbstzitate gehen wird, wie sie zum Teil Isobel Murray in den Anmerkungen zu unserer Ausgabe nachweist, sondern um wesentliche strukturelle und thematische Zusammenhänge.

Schon die Gedichte nehmen in ihrer oft disparaten Themenvielfalt zentrale Motive des *Dorian Gray* vorweg, ohne daß sie diese freilich sinnstiftend aufeinander beziehen könnten. So rückt die Doppel-Villanelle „Pan" (CW 812) die „modern world" als „grey and old" in jene spätzeitliche Beleuchtung, in die sie auch im *Dorian Gray* als typischem Werk des Fin de siècle getaucht sein wird, und wie im *Dorian Gray* erscheinen die Schönheit der Kunst und die Schönheit

---

[9] So verwundert es nicht, daß Wildes Leben mehrmals zur Vorlage fiktionaler Werke wurde; wir erwähnen nur Carl Sternheims *Oskar Wilde. Sein Drama* (1925) und den jüngst erschienenen Roman *The Last Testament of Oscar Wilde* (1983) von Peter Ackroyd.

des menschlichen, und vor allem des knabenhaften Körpers als die letzten strahlenden Lichtblicke in der Häßlichkeit und Durchschnittlichkeit bürgerlicher Existenz im Zeichen des Kommerzes, der Industrie und des Commonsense. Die poetische Beschreibung von Kunstwerken („Fantaisies Décoratives", CW 805 f.), die Ästhetisierung der Großstadt („Symphony in Yellow", CW 808), die ästhetizistische Fluchtbewegung in exotische Gefilde („The Sphinx", CW 833 ff.) und in den rituellen Prunk des Katholizismus („Rome Unvisited", CW 728 f.) und vor allem die Thematisierung der Kunst selbst („The Garden of Eros", CW 717 ff.) spielen daher in den Gedichten eine ebenso große Rolle wie dann im Roman. Dabei treten auch hier schon jene Widersprüche zwischen ästhetischen und ethischen Werten auf, die im *Dorian Gray* zum zentralen Thema werden: „Hélas" (CW 709) z. B. kontrastiert die moralische Haltung von „ancient wisdom" und „austere control" mit der ästhetizistischen von „to drift with every passion" und befürchtet in den „idle songs" und dem „honey of romance" den Verlust des „secret of the whole" und der „soul's inheritance". Daß dabei nicht nur die Kunst selbst, sondern auch eine bewußt ästhetisierte Lebenspraxis gemeint ist, wird besonders deutlich in dem Gedicht „Theoretikos" (CW 716), das eine ästhetisch kontemplative Distanz zum „vile traffichouse" der gesellschaftlichen Wirklichkeit proklamiert, die Gilbert dann zum Programm eines „Bios Theoretikos" in *The Critic as Artist* erheben wird (CW 1042) um schließlich in den Theorien Lord Henrys und im Existenzprojekt Dorians auf die Probe gestellt und problematisiert zu werden.

Ebenso ist in den Gedichten auch schon ein fasziniertes Interesse am Eros außerhalb bürgerlicher Mann-Frau-Beziehungen angelegt, wenn es sich hier auch noch ganz in griechischen oder exotischen Stilisierungen verhüllt: Narziß' Verliebtheit in seine eigene knabenhafte Schönheit, der androgyne Reiz von „Salmacis who is not boy nor girl and yet is both" („The Burden of Itys" CW 739)[10], Platons schöner Jüngling Charmides im gleichnamigen Gedicht (CW 753 ff.) oder die zwitterhaften und exotisch-perversen Figuren von „The Sphinx" (CW 833 ff.) — dies sind nur einige wenige Beispiele, und sie erscheinen immer im Zwielicht von ästhetischer Idealisierung und dem Bewußtsein von „sin" und „shame", von Attraktion

---

[10] Zur Androgynie in der Kunst und Literatur des 19. Jahrhunderts vgl. die grundlegende Studie von A. J. L. Busst: The Image of the Androgyne in the Nineteenth Century. In: Ian Fletcher (Hrsg.): Romantic Mythologies. London 1967, S. 1–95.

und Abwehr. Diese Spannung, die ja auch die Darstellung der Homosexualität im *Dorian Gray* bestimmen wird, zeigt sich am deutlichsten in dem zuletzt genannten Gedicht, das auf die frühen achtziger Jahre zurückgeht, aber erst 1894 veröffentlicht wurde. Nachdem es das geheimnisvolle Zwitterwesen in über achtzig Strophen beschworen und mit allem rhetorischen Prunk dessen dekadente Reize und monströse Schönheit gefeiert hat, wird dieses in den letzten vier Strophen im Zeichen des Kruzifix verbannt, denn „You wake in me each bestial sense, you make me what I would not be", „you wake foul dreams of sensual life" (CW 842). In der Grundbewegung ist das nicht verschieden vom *Dorian Gray:* Hier wie dort wird die fasziniert und faszinierend dargestellte Transgression ganz am Ende zurückgenommen, wobei sich allerdings im Roman die kontrastierenden Wertnormen nicht mehr wie hier auf den plakativen Gegensatz von dekadenten Ausschweifungen und christlicher Moral reduzieren lassen.

Die ideologisch disparaten und ästhetisch derivativen Positionen der Gedichte lassen noch kaum eine gemeinsame Fluchtlinie erkennen, sondern bieten das Bild eines schier beliebigen Eklektizismus. Dies wird sich jedoch in den Kunstmärchen, Erzählungen und Essays der zweiten Phase ändern, die damit unmittelbar auf die komplexe Dialektik von ästhetischen und moralischen Normen im *Dorian Gray* hinführen. Dies gilt für die Märchen von *A House of Pomegranates* mehr als für die früheren in *The Happy Prince and other Tales,* die mit ihren Konflikten zwischen egoistischer Selbstverwirklichung und altruistischer Opferbereitschaft oft allzu bereitwillig in viktorianisch-erbauliche Vorstellungen von dem, was ein Märchen zu lehren hat, einlenken. In dieser Entwicklung verschärft sich auch das Bewußtsein von Sünde und Schuld, der Spannung zwischen Seele und Körper, zwischen äußerer Erscheinung und innerem Wesen. Gerade dieser Aspekt bereitet das Auseinanderklaffen zwischen der unveränderlichen Schönheit und Reinheit der äußeren Erscheinung Dorians und der Spiegelung seines inneren Zerfalls im magischen Portrait vor. Die Bewegung der Märchen ist dabei oft der des *Dorian Gray* gegenläufig: Je mehr sich „The Happy Prince" (CW 285 ff.) der Pracht seiner Statue entäußert, um so mehr gewinnt er an innerer Schönheit und innerem Wert; der Verzicht des „Young King" (CW 224 ff.) auf blendenden Luxus und feudalen Glanz, sobald diesem bewußt wird, auf welchem sozialen Elend sie beruhen, transfiguriert ihn schließlich zur von innen heraus strahlenden Schönheit eines Engels; das narzißtisch in die eigene Schönheit verliebte „Star-Child" (CW 273 ff.) ist „evil" und erst wenn es Erbarmen gelernt hat, wird sich nach zwei Metamorphosen seine äußere mit seiner inneren Schönheit decken. Die deutlichste Annäherung an die Konstellation des *Dorian Gray* findet sich jedoch in „The Fisherman and his Soul" (CW 248 ff.), Wildes längstem und komplexestem Märchen und jenem, in dem er am wenigsten Zugeständnisse an die viktorianische Märchenmoral macht, sondern diese am pointiertesten provoziert. Nicht nur, daß hier der Dualismus von Körper und Seele schon ganz wie im *Dorian Gray* zum doppelgängerhaften Auseinandertreten der beiden Persönlichkeitshälften radikalisiert wird; es verfallen auch beide der Anziehungskraft einer widernatürlichen und bizarren Schönheit — Körper und Herz den bedrohlichen Lockungen des Zwitterwesens der Meerjungfrau, die Seele den orientalisch-sinnlichen Reizen exotischer Gefilde, beide also Sehnsüchten, die jenseits der abgegriffenen Erlebnismöglichkeiten dessen liegen, was den Viktorianern als natürlich und normal galt. Lord Henrys und Dorians Jagd nach *nouveaux frissons* ist hier schon angelegt, und sie wird Dorian, dem Fischer des Märchens vergleichbar, das Exotische und Verbotene in promiskuitiven und homosexuellen Beziehungen, in Drogen, geistig-sinnlichen Ausschweifungen und Kriminalität suchen lassen, bis die Wiedervereinigung von Körper und Seele, bei ihm wie beim „Fisherman", zur Selbstzerstörung, zum Tod führt.

Die Verbindung von Erzählung und kunsttheoretischer Reflexion über das Verhältnis des Ästhetischen zur Moral, zur Wissenschaft und zur Wirklichkeit in den Kunstmärchen kennzeichnet auch einige der Erzählungen. Wir möchten hier besonders auf die zwischen Erzählung und Essayform angesiedelten Texte „Pen, Pencil and Poison" (CW 993 ff.) und „The Portrait of Mr. W. H." (CW 1150 ff.) hinweisen. In ersterem, einem biographischen Essay, sieht Wilde in dem Dichter, Künstler und Mörder Thomas Griffith Wainewright nicht nur sein eigenes Dandytum, das das Leben selbst als Kunstwerk betrachtet, seinen „aesthetic eclecticism" (CW 996) und seinen Kunstabsolutismus präfiguriert, die alle auf Positionen Lord Henrys und Dorians vorausverweisen, sondern er lotet vor allem auch den Zusammenhang zwischen Sünde und Verbrechen einerseits und künstlerischer Kreativität und Selbstverwirklichung andererseits aus, der im *Dorian Gray* ein zentrales Motiv wird: „One can fancy an intense personality being created out of sin" (CW 1007). Und wie in den kunsttheoretischen Essays und im „Preface" zum Roman wird als Lösung dieser radikalen Dichotomie von Kunst und Kriminalität vorgeschlagen, den ästhetischen Bereich — wie den der Wissenschaft — der moralischen Verantwortung zu entheben: „neither art nor science knows anything of moral approval or disapproval" (CW 1008). Von der Thematik und Erzählstruktur her noch näher an *Dorian Gray* rückt der zweite Text heran. Schon sein Titel, „The Portrait of Mr. W. H.", verweist darauf, daß hier wie im Roman ein Kunstwerk, ein Bild, das zentrale Motiv abgibt, und hier wie dort erweist sich das Bild eines effeminiert schönen jungen Mannes als fatal im wörtlichen Sinn. Die brillant einfallsreiche Erzählung handelt von einer neuen Theorie zur Identität des rätselhaften „W. H.", dem Shakespeares Sonette gewidmet sind: Shakespeares homoerotische Huldigungen gelten nicht einem Aristokraten, sondern einem Knaben seiner Schauspielertruppe, für den er die hinreißendsten Mädchenrollen in den Komödien schrieb; und um diese Hypothese zu bekräftigen, schreckt der Erfinder selbst vor einer Bildfälschung und dem Selbstmord nicht zurück. Diese Konstruktion gibt den Anlaß für Reflexionen über den Zusammenhang von künstlerischer Inspiration und androgyn getönter Homoerotik, die über das gemeinsame Bildmotiv hinaus die Erzählung mit dem Roman verknüpft.[11]

Die Thematisierung des Ästhetischen in Kunst und Leben, die in den Kunstmärchen wie den Erzählungen über narrative Strukturen vermittelt wird, tritt in den kunsttheoretischen Essays ganz in den Vordergrund. Und doch sind auch *The Decay of Lying* und *The Critic as Artist* schon durch ihre platonischem Vorbild folgende Dialogform fiktionalisiert, zielen also wie die Kunstmärchen, die Erzählungen und auch *Dorian Gray* darauf ab, die Kunsttheorie selbst zu ästhetisieren, sie in Form eines Kunstwerks zu präsentieren (s. u. III. 3). Dabei weist bereits die Struktur dieser Dialoge über Kunst auf die Gespräche zwischen Lord Henry und Dorian voraus: In den beiden Essays wie im Roman vertritt ein avancierter Dandy und Ästhet (Vivian und Gilbert / Lord Henry) in glänzend pointierten Paradoxen die Grundpositionen ästhetizistischer Kunst- und Lebensphilosophie gegenüber meist jüngeren Gesprächspartnern von großem persönlichem Charme, die in ihrer anfänglichen naiven Befangenheit in konventionelleren Anschauungen dieser Philosophie nur wenig entgegenzusetzen haben. Während in den Dialogessays diese Theorien also ohne Widerpart bleiben, werden sie im

---

[11] Vgl. dazu die detaillierten Hinweise bei Donald L. Lawler / Charles E. Knott: The Context of Invention: Suggested Origins of ‚Dorian Gray'. In: Modern Philology 73 (1975/76) S. 389–398, die die Genese des Romans aus einer Kombination der Motive von „The Fisherman and his Soul" und „The Portrait of Mr. W. H." erklären wollen. Vgl. auch Albert J. Farmer: Le Mouvement esthétique et ‚décadent' en Angleterre (1873 bis 1900). Paris 1931, S. 171–174.

Roman – und hierin liegt ein entscheidender Fortschritt – durch die Gegenstimme des Malers Basil, der sowohl Kunst und Moral als auch Selbstverwirklichung und gesellschaftliche Verantwortung idealistisch miteinander versöhnen will, und mehr noch durch das Romangeschehen selbst, das Scheitern Dorians, problematisiert und auf die Probe gestellt.

Mit seinem letzten großen Essay, *The Soul of Man Under Socialism*, 1891 veröffentlicht und zwischen der Zeitschriften- und Buchfassung des *Dorian Gray* geschrieben, greift Wilde bereits in die öffentliche Debatte um die angebliche Immoralität und Perversität seines Romans ein: Wenn Wilde sich dabei auch nicht ausdrücklich auf diesen bezieht, stellt der Essay doch auch den Versuch dar, für Lord Henrys Programm der ästhetischen Selbstverwirklichung den gesellschaftstheoretischen Rahmen nachzuliefern und es – und damit auch Wilde selbst – Mißverständnissen zu entziehen (s. u. III. 5 u. IV. 1).

Die Zusammenhänge zwischen *Dorian Gray* und dem späteren Werk können wir hier knapper behandeln, weil dabei kaum neue Kategorien ins Spiel kommen und zudem in einer Studie über den Roman dessen Entstehungsbedingungen gegenüber solchen Fragen des Weiterwirkens in den folgenden Werken vorrangig sein müssen. Wir lassen es daher mit einigen skizzenhaften Hinweisen bewenden, die die Einheit des Gesamtwerks – die Durchgängigkeit von Motiven und Strukturen und deren Entwicklung – veranschaulichen sollen.

In den drei dramatischen Genres, denen sich Wilde nach *Dorian Gray* zuwandte – die lyrische Tragödie *(Salomé)*, das Gesellschaftsdrama *(Lady Windermere's Fan, A Woman of No Importance, An Ideal Husband)* und die Farce *(The Importance of Being Earnest)* –, bezieht er sich in vielfältiger und unterschiedlicher Weise auf den Roman zurück. So setzt *Salomé* jene Faszination mit exotischen Räumen der Phantasie fort, die sich schon im „Sphinx"-Gedicht kristallisiert hatte und als apartes Fluidum auch den Roman durchzieht, um sich im zentralen Kapitel XI zur bestimmenden Note zu verdichten. Wichtiger als diese atmosphärische Gemeinsamkeit ist jedoch, daß dabei wieder, wie oft in Wildes Werk, die Spannung zwischen *body* und *soul* auf die Spitze getrieben wird: Der Fischer des Märchens und seine Seele, Dorian und sein im Bild verkörpertes Gewissen und nun das Gegenüber von Salomés erotischer Ekstase und Iokanaans asketischem Fanatismus – sie alle dramatisieren eine für Wildes Menschenbild zentrale Dichotomie, die auch in der Selbstdarstellung und Apologie von *De Profundis* noch grundlegend sein wird.

Ins Gesellschaftliche gewendet, ist die Aufspaltung der Person auch für die *social plays* bestimmend, umkreisen sie doch immer wieder den Gegensatz von glanzvoller gesellschaftlicher Ich-Projektion, öffentlichem Image, äußerer Maske (nicht zufällig ist einer der *Intentions*-Essays der „Truth of Masks" gewidmet) und, auf der anderen Seite, dem verdrängten inneren Wesen, der verborgenen Scham, der geheimgehaltenen Schuld. In jedem dieser Dramen gibt es eine Figur, die wie Dorian Gray gegen die Normen der Gesellschaft verstoßen hat und diesen Makel geheimhalten will. Im Gegensatz zu Dorian finden in den stärker auf die Publikumserwartungen einschwenkenden Theaterstücken diese Figuren jedoch nach der Enthüllung der Schuld Vergebung oder zumindest Verständnis. Das erzwungene Doppelleben dieser Figuren findet sein Pendant in der *hypocrisy* und der doppelten Moral der Gesellschaft, die sie verurteilt, aber auch in dem bewußten Rollenspiel der Dandy-Figuren (Lord Darlington in *Lady Windermere's Fan*, Lord Illingworth in *A Woman of No Importance*, Lord Goring in *An Ideal Husband*). Diese sind alle in ihrem Habitus und ihren Haltungen auf die Bühne versetzte Lord Henrys, und sie agieren auch ihre distanzierte Ästhetenrolle im selben aristokratischen Ambiente aus wie dieser. Damit gerät eine weitere Entsprechung in den Blick: Ihre Konversation, von geschliffenem Witz und brillanten Paradoxen sprühend, folgt denselben Kunstregeln wie die Lord Henrys und macht in den Dramen wie im Roman eine der Hauptattraktionen aus. *The Importance of Being Earnest* schließlich, Wildes wohl konsequentestes und perfektestes Werk, spielt diese Motive und Strukturen in der euphorisierenden Höhenluft eines über allem Ernst schwebenden Nonsense und mit der für die Farce typischen „anesthésie du coeur" (Henri Bergson) noch einmal virtuos durch und löst damit eigentlich erst Wildes Ideal einer souverän über die Wirklichkeit verfügenden Kunst, einer sich selbst zelebrierenden Brillanz und der Ataraxie ästhetischer Distanz ein. Hier triumphiert der Kunst- und Lebensentwurf Lord Henrys, und die dunklen Gegenstimmen der sozialen Frage, des Verhältnisses von Ästhetik und Moral und der gefährdeten Identität werden hier nur noch anzitiert, um im komischen Übermut *ad absurdum* geführt zu werden. Dies gilt für die halsbrecherisch überzogenen Paradoxien von Spiel und Ernst, von Oberfläche und Tiefe, vom Schönen und vom Guten, Wahren und Nützlichen, um die auch hier die Dialoge kreisen, ebenso wie für die Sozialkritik am Viktorianismus und das Doppelgängerspiel des „Bunburying" der beiden Dandy-Protagonisten Algernon und Jack.

Erst nach Wildes Sturz in die gesellschaftliche Ächtung – nur wenige Wochen nach der Uraufführung von *The Importance of Being Earnest* — werden diese Fragen, die in der Farce ästhetisch neutralisiert wurden, ganz in den Vordergrund treten: *De Profundis* und *The Ballad of Reading Gaol* kehren in verquälter, mit dem eigenen Leid kokettierender Weise das Problem der Schuld, der moralischen Verantwortung und der Möglichkeit einer Versöhnung von *body* und *soul* und von Individuum und Gesellschaft neu hervor. Damit erweist sich zum letzten Mal die Einheit von Wildes Werk gerade in den nie — oder allenfalls im utopischen Glücksmoment der Farce — ganz aufgelösten Spannungen von Ästhetik und Moral, hedonistischer Selbstverwirklichung und sozialer Verantwortung, Provokation und Anpassung, Selbsterkenntnis und Selbstinszenierung — d. h. in jenem „ordeal to attain unity of self", das auch im Zentrum des *Dorian Gray* steht und dort wie in keinem anderen Werk Wildes problematisiert wird.[12]

3. Textgenese: Mythen und Fakten

Wilde-Verehrer und Wilde-Verleumder in gleicher Weise haben ihre Emotionen immer schon gerne an Mythen aufgeladen — und oft waren es dieselben Mythen! Die zahlreichen Gerüchte über die Entstehung des *Dorian Gray* liefern dafür ein Paradebeispiel. Eine dieser Mythen ist, daß das Zentralmotiv des Bildes und des Wunsches nach einem Rollentausch zwischen der zeitüberdauernden Schönheit des Portraits und der Zeitverfallenheit des Portraitierten auf ein konkretes Erlebnis des Autors zurückgehe.[13] Den einen dienen solche Anekdoten dazu, die autobiographische Einheit von Werk und Leben zu idealisieren, den anderen, Wildes Unfähigkeit zu eigenständiger Erfindung an einem Beispiel zu erhärten, für das sich keine unmittelbare literarische Vorlage nachweisen ließ. Bei genauerer Nachprüfung erweisen sich jedoch alle Varianten dieser Anekdote als Legendenbildung, die auch dann nicht zur verbürgten

---

[12] Epifanio San Juan, Jr.: The Art of Oscar Wilde. Princeton/N. J. 1967, S. 68.
[13] Vgl. dazu die kritischen Darstellungen bei Wilfried Edener: Einführung. In: Ders. (Hrsg.): The Picture of Dorian Gray (Urfassung 1890). Nürnberg 1964, S. XVII—XIX und Norbert Kohl: Oscar Wilde, S. 229 f.

Wirklichkeit wird, wenn Wilde selbst sie durch eines seiner amüsanten Konversationsaperçus ausgelöst haben sollte.

Für die Interpretation und Bewertung des Romans folgenreicher ist ein zweiter Mythos, der sicher von Wilde selbst in Umlauf gebracht wurde: der Mythos, er habe den *Dorian Gray* — wie er in einem von André Gide festgehaltenen Gespräch behauptete — innerhalb von wenigen Tagen geschrieben, um skeptischen Freunden zu beweisen, daß er auch einen Roman schreiben könne.[14] Den Bewunderern Wildes beweist dies seine geniale Schöpferkraft, den Kritikern seinen Mangel an künstlerischer Seriosität. Daß diese Behauptung jedoch eine Mythenbildung ist, mit der Wilde sich gemäß dem romantischen Klischee zum spontan und impulsiv schaffenden Genie stilisierte und als Dandy posierte, dem nichts ferner liegt als mühsame Arbeit, hat die bibliographische und textkritische Forschung inzwischen eindeutig erwiesen. Wilde hat den Roman weder in wenigen Tagen noch in drei Wochen genialisch „hingeworfen", sondern ihn vielmehr in einer Reihe von Fassungen und Überarbeitungen sorgfältig entfaltet. Eine genaue Analyse des erhaltenen Manuskripts und Typoskripts und der Korrespondenz Wildes legt die Annahme nahe, daß Wilde schon im Sommer 1889 mit der Arbeit am *Dorian Gray* begann und daß seiner Erstveröffentlichung in der Juli-Nummer der amerikanischen Zeitschrift *Lippincott's Monthly Magazine* 1890 drei in zahlreichen Details immer neu überarbeitete Versionen vorausgingen.[15] Und diese Zeitschriftenfassung stellt ihrerseits nur die Vorfassung für die entscheidend veränderte und expandierte Londoner Buchveröffentlichung vom April 1891 dar. Vor allem ein Vergleich der Zeitschriften- mit der Buchfassung ermöglicht dabei einen Einblick in die Werkstatt Oscar Wildes, der Mythenbildung widerlegt und wichtige Aufschlüsse über seine künstlerischen Intentionen vermittelt.

Schon die Vorgeschichte der Zeitschriftenfassung ist jedoch interpretatorisch aufschlußreich für den literaturhistorischen Ort des *Dorian Gray* und seinen Zusammenhang mit Wildes bisherigem Werk. Sie wurde von Lippincotts Londoner Agenten in Auftrag gegeben, einem Bekannten Wildes, der wohl durch die Veröffentlichung von Wildes Erzählung „The Portrait of Mr. W. H." im Juli 1889 wieder auf diesen aufmerksam wurde. Spätestens im September

---

[14] Gides Essay von 1902 findet sich in englischer Übersetzung in E. H. Mikhail (Hrsg.): Oscar Wilde. Interviews and Recollections. 2 Bde. London 1979, Bd. 2, S. 297; vgl. auch S. 380.

[15] Vgl. dazu Donald E. Lawler: Oscar Wilde's First Manuscript of ‚The Picture of Dorian Gray'. In: Studies in Bibliography 25 (1972) S. 125–135.

1889 war es zu einem Dinner mit Wilde, Arthur Conan Doyle und dem Verlagsrepräsentanten gekommen, bei dem die beiden Schriftsteller jeweils einen Beitrag versprachen, aus dem im Falle des Schöpfers von Sherlock Holmes *The Sign of Four*, im Falle Wildes schließlich der *Dorian Gray* wurde. Diese überraschende textgenetische Parallele wirft ein ebenso bezeichnendes Licht auf Conan Doyles Detektiverzählungen wie auf Wildes ästhetizistische Prosadichtungen und erhellt schlaglichtartig die Dialektik von „trivialer" und „hoher" Literatur. Wilde bot zunächst die gerade fertiggestellte Erzählung „The Fisherman and his Soul" an, und als diese abgelehnt wurde, versprach er im Dezember ein neues Werk: „I have invented a new story which is better than ‚The Fisherman and his Soul' [. . .]". (L 251) *Dorian Gray* entstand also im genetischen Kontext zweier Erzählungen, deren Zentralmotiv er hier zu einem verschmilzt: das Motiv des Bildes, das im Mittelpunkt von „The Portrait of Mr. W. H." steht, und das Motiv der Abspaltung der Seele, der doppelgängerischen Ich-Spaltung in „The Fisherman and his Soul" (s. o. II. 2). Hier, in dieser Kombinatorik und Variation von Themen, die ihn schon geraume Weile künstlerisch und existentiell beschäftigten, liegt also der unmittelbare schöpferische Anstoß für die Erfindung des Motivs des magischen Portraits, und nicht in nachträglich fabrizierten legendenhaften Anekdoten.

Die Entstehungsgeschichte macht auch deutlich, daß *Dorian Gray* ursprünglich nicht als Roman, sondern als Erzählung geplant war, und in der Zeitschriftenfassung von nicht ganz einhundert Seiten ist er auch kaum mehr als eine *extended short story* oder, in deutscher Begrifflichkeit, eine Novelle. Die Ausweitung zu Roman-Dimensionen erfolgte erst auf dem Weg zur Buchpublikation, wobei wohl eine Reihe von Motivationen zusammenspielten. Buchhändlerische Überlegungen mochten dabei eine Rolle gespielt haben, doch können diese für sich genommen nur die quantitative Erweiterung des Umfangs, jedoch nicht die Umstrukturierung der Komposition und die Umakzentuierung von Themen und Motiven erklären.[16]

Die Erweiterung bedeutet freilich in sich schon eine kompositionelle Umstrukturierung, da sie vor allem in der Einfügung von sechs zusätzlichen Kapiteln (III, V, XV—XVIII) besteht. Schon die erste

---

[16] Zum Vergleich der beiden Fassungen vgl. neben Wilfried Edener: Einführung, Paul Goetsch: Bemerkungen zur Urfassung von Wildes ‚The Picture of Dorian Gray'. In: NSp N. F. 15 (1966) S. 324—332, Isobel Murray: Some Elements in the Composition of ‚The Picture of Dorian Gray'. In: Durham University Journal 4 (1971/72) S. 220—231; Norbert Kohl: Oscar Wilde, S. 232—234.

Fassung war zweiteilig angelegt, wobei acht zeitlich relativ eng zusammenhängende Kapitel die Entwicklung Dorians zum Dandy und *décadent* darstellen, um dann nach der raffenden Darstellung seiner Dekadentenvita über eineinhalb Dekaden hinweg (Kap. 9) schließlich in den folgenden vier Kapiteln rasch zur Katastrophe zu führen. Die Buchfassung betont durch die zusätzlichen Kapitel und durch die Aufspaltung des ursprünglichen Schlußkapitels 13 in die Kapitel XIX und XX diese Zweigliedrigkeit noch, indem sich nun eine annähernd axialsymmetrische Gliederung ergibt: Zehn Kapitel führen zum nun fast zwanzig Jahre raffenden Zentralkapitel hin und neun schließen sich an.[17] Durch die Erweiterungen wird also ein Doppeltes erreicht: Zum einen gewinnt die Erzählung durch die Einführung zusätzlicher Figuren (etwa Sibyls Mutter und Bruder), durch die Erweiterung des sozialen Spektrums (die kleinbürgerliche Welt der Vanes, V; die kriminelle Unterwelt, XVI), durch die breitere Darstellung des aristokratischen Milieus und seiner Rituale (vgl. vor allem die Konversationsszenen in III, XV, XVII und XVIII) und den Einbezug von Dorians Vorgeschichte (III) jene Weltfülle, die man von einem Roman erwartet und die den Figuren eine differenziertere Konturierung verleiht. Zum andern wird durch die an sich schon ästhetisch befriedigende Symmetrie die Möglichkeit eröffnet, Motive der „steigenden" Handlung in korrespondierenden der „fallenden" zu spiegeln (etwa Dorians Beziehung zu Sibyl in der ersten Hälfte und zur Duchess of Monmouth und zu Hetty Merton in der zweiten, oder der Tod Sibyls bzw. Basils und seine jeweilige Bewältigung).

Dennoch ist, wie oft in solchen Fällen − man denke nur an die beiden Fassungen von Wordsworths *Prelude,* von Goethes *Faust* oder Kellers *Grünem Heinrich* −, die kritische Meinung über den relativen Wert des *Ur-Dorian* und der endgültigen Form nicht ungeteilt. Besonders umstritten ist die Einfügung der James-Vane-Handlung, die in Kapitel V exponiert und im zweiten Teil dann (XVI−XVIII) als retardierendes Moment wirkt. Sie sei zu vordergründig, unglaubwürdig und melodramatisch, also ein typisches Beispiel für das, was Wilde in einer selbstkritischen Briefäußerung zum *Dorian Gray* gemeint hat, als er den Roman als „far too crowded with sensational incidents" bezeichnete. (L 260) Ein Element des Melodramatischen wird jedoch nicht erst durch solche Zusätze neu in die Erzählung

---

[17] Dies betont die Interpretation von Hans Itschert: Oscar Wilde: ,The Picture of Dorian Gray'. In: Paul Goetsch (Hrsg.): Der englische Roman im 19. Jahrhundert. Berlin 1973, S. 273−287.

eingeführt, sondern ist ihr im Kern schon inhärent, bildet von Anfang an einen interessanten und bezeichnenden Kontrast zu den subtilen kunsttheoretischen Diskursen und verfeinerten Posen der Ästheten, und die Entfaltung der James-Vane-Handlung gerade in der zweiten Hälfte des Romans verleiht der allzu abrupten Abfolge von der Ermordung Basils zum Selbstmord Dorians in der Urfassung nun eine größere Plausibilität. Sie erhöht auch die „dramatische" Ironie des Romanschlusses: Gerade wenn Dorian sich nach Basils und James' Tod endlich vor allen äußeren Nachstellungen sicher wissen darf, wird ihm die Irreversibilität seines moralischen Verfalls bewußt, und er tötet sich. Damit betont und pointiert der Roman die Moral dieses Schlusses — die innere Nemesis der Selbstzerstörung, die unerbittlicher ist, als es äußere Sanktionen sein können.

Damit erhebt sich die weitergehende Frage, ob durch diese Zusätze und die zahlreichen Detailrevisionen auch die moralischen Implikationen der Erzählung verändert wurden, ob also die Buchfassung eine purgierte oder entschärfte Version darstellt und damit auf den Sturm der Entrüstung reagiert, den die Zeitschriftenveröffentlichung auslöste. In diese Richtung könnte schon das klärende und deutlich abschwächende „Preface" der Buchfassung verweisen, das den Text jeder moralischen Verbindlichkeit zu entheben sucht (s. u. III. 5). In diesem Zusammenhang ist es auch bezeichnend, daß im Prozeß um Oscar Wildes Homosexualität 1895 immer wieder gerade der *Ur-Dorian* als belastendes Indiz herangezogen wurde. In der Tat sind die homoerotischen Bezüge hier deutlicher und eindeutiger, während im Buch dann durch die stärkere Betonung von Basils *künstlerisch-ästhetischer* Bewunderung des schönen Jünglings und durch eine Reihe neuer Frauenbeziehungen Dorians dieses transgressive Moment etwas zurückgenommen wird. So räumte auch Wilde im Kreuzverhör des ersten Prozesses ein, daß er an einer Stelle, die nach dem Urteil seines Mentors Walter Pater „liable to misconstruction" gewesen sei, Veränderungen vorgenommen habe.[18] Entscheidender als solche punktuellen Zugeständnisse an viktorianische Moralvorstellungen ist jedoch, daß Wilde das ästhetisch-moralische Spannungsfeld verdeutlicht und differenziert, das der Roman in seiner zentralen Dreieckskonstellation — Dorian zwischen Basil und Lord Henry — aufbaut. Es gemahnt in seiner Struktur zunächst geradezu an das allegorische „Moralitätendreieck" des mittelalterlichen Dra-

---

[18] H. Montgomery Hyde (Hrsg.): The Three Trials of Oscar Wilde. London 1948, S. 124.

mas, das *Everyman* oder *Anima* in der Entscheidungssituation zwischen Gut und Böse, zwischen Engeln und Teufeln zeigt, wird jedoch von Wilde gerade in der Romanfassung so differenziert ausgefüllt, daß die einzelnen Positionen sich wechselseitig immer wieder in Frage stellen und in ihrer Relation zueinander nicht in einem vorgegebenen Moralschema aufgehen. Davon vor allem wird unser nächstes Kapitel, die Interpretation, handeln.

III. Werkanalyse

1. Der gesellschaftliche Raum

Erzählen heißt nicht nur, Figuren und ihre Geschichte in der Zeit zu entfalten, sondern auch, sie in räumliche Kontexte einzubetten. Wilde beginnt damit gleich im ersten Satz seines Romans, noch ehe er auch nur eine einzige Figur einführt: „The studio was filled with the rich odour of roses, and when the light summer wind stirred amidst the trees of the garden there came through the open door the heavy scent of the lilac, or the more delicate perfume of the pink-flowering thorn." (1) Es ist ein sommerlicher Raum, erfüllt von Blütenduft und sanft fächelnden Winden – eine Naturidylle, und doch auf den Menschen, seine Kultur und künstlichen Ordnungen, bezogen. Der Blütenduft erscheint als betörende Mischung intensiver und subtiler Parfüms, die Natur ist die kultiviert arrangierte eines Gartens, und der Blickwinkel ist der vom Innenraum des Studios Basil Hallwards ins Freie. Verstärkt wird das Ineinander von Natur und Kultur noch durch das Hin und Her der Figuren zwischen Interieur und Garten (vgl. 11, 20, 23) in den ersten beiden Kapiteln, die an diesem Schauplatz spielen. Eine mehrfache Ausgrenzung bestimmt seine Struktur: Jenseits des *hortus conclusus* liegt London, dessen Lärm gedämpft wie ferner Orgelklang hereindringt (1), und als Oase in die Oase eingelagert ist das exquisit ausgestattete Atelier.[1]

Hier ist gleichzeitig Ausgrenzung und Durchlässigkeit der Grenzen, denn Basils Garten und Studio sind bergender Flucht- und Schutzraum vor den Zumutungen häßlicher Alltäglichkeit und doch auch

---

[1] Vgl. zu dieser ästhetizistischen „Oasenstruktur" Klaus P. Hansen: Die Anbiederung des Dandy: Bedingung und Möglichkeit der ästhetizistischen Alternative. In: Alternative Welten. Hrsg. von Manfred Pfister. München 1982, S. 239–263, hier S. 239–241. Zur Raumgestaltung in der Literatur des ausgehenden neunzehnten Jahrhunderts allgemein vgl. Jan B. Gordon: ‚Decadent Spaces': Notes for a Phenomenology of the Fin de Siècle. In: Decadence and the 1890s. Stratford-upon-Avon Studies, 17. Hrsg. von Ian Fletcher. London 1979, S. 31 58. Zur Raumstruktur im *Dorian Gray* vgl. Epifanio San Juan, Jr.: The Art of Oscar Wilde. Princeton 1967, S. 54–59 und Norbert Kohl: Oscar Wilde, S. 238–245.

nach Außen hin offen, zugänglich dem gleichgestellten und gleichgesinnten Freund und all jenen Eindrücken der Außenwelt, die entweder in sich angenehm und kostbar sind oder durch den Filter der Distanz erst dazu werden. Wie anders dagegen die schäbige Wohnung der Vanes in der Euston Road, weit ab vom vornehmen Mayfair der Häuser Basils, Lord Henrys und Dorian Grays! Hier wird der Lärm der Großstadt nicht zum „bourdon note of a distant organ" (1) ästhetisch verwandelt, sondern überflutet als „the rumble of omnibuses, and the clatter of streetcabs" (70) die Intimität der Gespräche. Und wie anders auch die räumliche Situation am Romanende, wenn Dorians Bedienstete mit Gewalt in jenen verschlossenen Raum im obersten Geschoß seines Hauses eindringen, in dem er sein gräßliches Ende findet! (223 f.)

Diese drei Relationierungen von Innen und Außen – der herrschaftliche *locus amoenus* mit seiner schützenden, aber noch durchlässig filternden Grenze nach Außen hin, die offene Schutzlosigkeit kleinbürgerlicher Intimsphäre und der verschlossene Horrorraum, in dem Dorian das magische Portrait verbirgt und in dem ihn eine geheimnisvolle Nemesis ereilt – umschreiben die drei Grundelemente und literaturhistorischen Affinitäten des Romans: die ästhetizistische Flucht vor der aktuellen Wirklichkeit in privilegierte Oasen der Kunst, die „realistische" Determiniertheit des Menschen durch sein Milieu und die Schauereffekte der *gothic novels* mit ihren klaustrophobischen Räumen. Die ästhetizistische Enklave nimmt dabei die prekäre Zwischenposition einer gleichzeitigen Offenheit und Geschlossenheit ein, birgt somit also gleichzeitig die Chance freier Selbstentfaltung in einem abgeschirmten Schutzraum, aber auch die Gefahr seiner Unterminierung und Zerstörung durch fremde Einflüsse von Außen.

Schon in diesem Detail erweist sich die modellbildende, die metaphorisch-symbolische Funktion des Raums im *Dorian Gray*.[2] Trägt hier die Raumstrukturierung dazu bei, modellhaft die kunsttheoretischen Koordinaten des Romans zu entfalten und die Brüchigkeit eines ästhetizistischen Lebensprogramms anzudeuten, so pointiert Wilde an anderen Stellen die räumlichen Bedeutungsbezüge zu geradezu emblematischer Deutlichkeit. In Kapitel VII z. B. blickt Dorian, erstmals über eine Veränderung des Portraits bestürzt, in seinen Reflexionen reumütig auf die Gartenszene des Anfangs

---

[2] Wir folgen hier der Theorie des künstlerischen Raums bei Jurij M. Lotman: Die Struktur literarischer Texte. Übers. von Rolf-Dietrich Keil. München 1972, S. 311–329.

zurück: „He would not see Lord Henry any more — would not, at any rate, listen to those subtle poisonous theories that in Basil Hallward's garden had first stirred within him the passion for impossible things." (92) Damit weitet sich diese Szene ins Mythische: Der Garten wird zum Paradiesgarten, in dem Dorian und Lord Henry die Urszene von Versuchung und Sündenfall nachvollziehen und sich Dorians eleganter Mentor zur satanischen Schlange verwandelt. Von archetypischer Bedeutsamkeit ist auch das frühere Spiel- und Studierzimmer Dorians, das er zum Versteck für das fatale Portrait wählt: Hier wieder einzudringen heißt für ihn, zur Kindheit, zum Trauma des Waisenkinds zurückzukehren, das, vom Großvater wegen seiner Ähnlichkeit mit der Mutter gehaßt, in den äußersten Winkel des Hauses verbannt wurde, aber auch zur „stainless purity of his boyish life", die so schmerzlich mit der Befleckheit seines Lebens und seines Portraits kontrastiert (121 f.).

Die strukturell wichtigsten Funktionen der recht detaillierten Topographie des *Dorian Gray* bestehen jedoch darin, die Phantastik des Geschehens durch die nachprüfbare raum-zeitliche Situierung glaubhaft zu machen und jene gesellschaftlichen Spannungsfelder, durch die die Figuren bestimmt werden, räumlich zu konkretisieren. Der Roman spielt in seinen direkt präsentierten Szenen ausschließlich in England, doch wird das Ausland immer wieder thematisiert. So erscheint Amerika in den Konversationen als Land des vulgären Kommerzes und einer neuen Selbständigkeit der Frauen, vor denen man zwar erschaudert, auf die man aber selbst als feiner britischer Aristokrat doch zur finanziellen Sanierung angewiesen sein kann (33 f. u. 37 f.).[3] Weitere Auslandsbezüge der High Society führen nach Paris, woher man seine ästhetizistisch-dekadenten Normen bezieht (97, 112, 125, 148, 175), oder nach Algier, dem Dorado homosexueller Künstler und Ästheten, wo Dorian und Lord Henry in der Enklave eines „little white walled-in house" ihre Winter verbringen (141). Auch das kostbare Meublement und die raffinierten Accessoires — die „Persian saddlebags" und der „Japanese effect" der „Tussore-silk curtains" (1), die „statuette by Clodion" (44), das „old Sèvres china", das „chased silver Louis-Quinze toilet-set" und der „onyx-paved bathroom" (92 f.) usw. usw. — beweisen eine ganz unbieder unviktorianische Vorliebe für französische Luxusprodukte oder die Exotik des Japonisme, die ökonomisch freilich auf dem imperialistischen Kolonialismus eben jener Gesellschaft basiert, die

---

[3] Vgl. dazu auch die Amerika-Diskussion in *A Woman of No Importance* (CW 436 f.).

die aristokratischen Dandys verachten. Den unteren Schichten dagegen, hier vertreten durch James Vane, den Bruder Sibyls, bleibt nur Australien als Ausweg aus der Hoffnungslosigkeit (61)!

Das Englandbild des Romans wird ganz von London dominiert; nur die Kapitel XVII–XVIII spielen außerhalb Londons, auf Dorians Landsitz Selby Royal in Nottinghamshire (141 und 193 f.). Das Land wird dabei im Klischeebild der Unschuld gesehen (210), während das Industrierevier der Midlands allenfalls einen etwas peinlichen ökonomischen Hintergrund für die großstädtischen Bonvivants abgibt (31).[4] Innerhalb Londons dominiert ebenso stark das elegante West End, vor allem Mayfair, wo sich am Grosvenor Square (147) Dorians Stadthaus findet, Schauplatz von acht der zwanzig Kapitel des Romans und damit Brennpunkt des Geschehens. Unweit davon liegen das Haus Lord Henrys in der Curzon Street (16), das Alan Campbells in der Hertford Street (161), das Albany, in dem Dorians Onkel Lord Fermor residiert (Kap. 3), das vornehme Bristol (Kap. 6), das Haus Lady Agathas am Berkeley Square (Kap. 3) und wohl auch die nicht näher lokalisierten Wohnsitze Basils und Lady Narboroughs (Kap. 15). Weit ab im Norden wohnen dagegen die Vanes in ihrem „shabby home" (70) in der „dreary Euston Road" (65), und noch stärker kontrastieren mit dem *fashionable London* aristokratisch urbaner Exklusivität die weiter nach Osten hin gelegenen Stadtteile – Holborn, wo sich in einem „labyrinth of grimy streets and black, grassless squares" Sibyls „absurd little theatre" mit dem „hideous Jew" als Direktor verbirgt (48), die East-End-Slums von Whitechapel und Blue Gate Fields (13, 15, 39 f., 140 f.) und die Docks mit ihren Opiumhöhlen, in denen Dorian Vergessen sucht.

Die „Ost-West-Spannung" zwischen diesen beiden Bereichen ist sowohl eine soziale als auch eine ästhetische. Die soziale Frage wird im Roman mehrmals ausdrücklich angesprochen, freilich überwiegend aus der Sicht der Oberschicht. Dabei stehen drei Perspektiven einander gegenüber: die liberale des Parlamentsabgeordneten Sir Thomas Burdon, die naiv-philantropische Lady Agathas, die Dorian für ihre kulturmissionarischen Aktivitäten gewinnen will, und die zynische Lord Henrys:

> ‚[. . .] Oh! Harry, I am quite vexed with you. Why do you try to persuade our nice Mr. Dorian Gray to give up the East End? I assure you he would be quite invaluable. They would love his playing.'

---

[4] Vgl. U. C. Knoepflmacher: The Novel between City and Country. In: The Victorian City. Images and Realities. Hrsg. von H. J. Dyos / Michael Wolff, Bd. 2. London 1973, S. 517–536.

,I want him to play to me,' cried Lord Henry, smiling, and he looked down the table and caught a bright answering glance. ,But they are so unhappy in Whitechapel,' continued Lady Agatha. ,I can sympathize with everything, except suffering,' said Lord Henry, shrugging his shoulders. ,I cannot sympathize with that. It is too ugly, too horrible, too distressing. There is something terribly morbid in the modern sympathy with pain. One should sympathize with the colour, the beauty, the joy of life. The less said about life's sores the better.'
,Still, the East End is a very important problem,' remarked Sir Thomas, with a grave shake of the head.
,Quite so,' answered the young lord. ,It is the problem of slavery, and we try to solve it by amusing the slaves.' (39 f.)

Alle drei Perspektiven werden zwar durch den engeren oder weiteren Kontext relativiert, doch bekräftigt die Tatsache, daß Lord Henrys Kritik an einer christlich-humanitären Mitleidsethik auch in anderen Werken Wildes fast wörtlich aufgenommen wird – in *The Soul of Man Under Socialism* (CW 1101), in *The Critic as Artist* (CW 1042 f.) und in *A Woman of No Importance* (CW 437) –, dessen Einstellung, die ja auch innerhalb des zitierten Dialogs nicht widerlegt wird. Seine Kritik, die an Nietzsche erinnert, ist zwar durchaus berechtigt, doch entbehrt sie jeglicher konstruktiver Gegenvorstellungen zur Lösung der sozialen Probleme, ja dient letztendlich nur dazu, seinen Standesdünkel ideologisch abzuschotten.

Im Gegensatz zur pathetischen, sentimentalen oder witzigen Eloquenz der Aristokraten zur Klassenfrage bleibt das Proletariat stumm: So haßt zwar James Vane den Dandy Dorian, schon weil dieser ein Gentleman ist, doch erscheint sein Haß als „some curious race-instinct for which he could not account" (66), und kann sich damit auch nicht artikulieren. Und auch der Erzähler, der sonst durchaus mit eigenen Wertungen Akzente setzt, enthält sich hier jeden Kommentars, wie überhaupt die Schilderungen der gesellschaftlichen Randzonen, der Armenviertel und des werktätigen London in besonderer Weise melodramatisch stereotyp klingen. Sie beruhen nicht auf konkreten Beobachtungen, sondern bauen aus papierenen Klischees eine möglichst malerische Kulisse auf und verklären damit das Elend eher, als daß sie es sozialkritisch bloßstellen.

Dorians Fahrt zu den Opiumhöhlen gestaltet sich etwa folgendermaßen:

The way seemed interminable, and the streets like the black web of some sprawling spider. The monotony became unbearable, and, as the mist thickened, he felt afraid. [. . .]
After some time they left the clay road, and rattled again over rough-

paven streets. Most of the windows were dark, but now and then fantastic shadows were silhouetted against some lamp-lit blind. He watched them curiously. They moved like monstrous marionettes, and made gestures like live things. He hated them. A dull rage was in his heart. As they turned a corner a woman yelled something at them from an open door, and two men ran after the hansom for about a hundred yards. The driver beat at them with his whip. (185 f.)

Die Perspektive ist hier, wie meist, die Dorians und damit die eines Außenseiters in dieser Welt, die er ja auch nur draußen an seinem Droschkenfenster vorbeiziehen sieht. Die Fremdheit wird also wieder durch das räumliche Gegenüber von Innen und Außen verdeutlicht. Sie drückt sich aber auch in den leitmotivisch wiederkehrenden Bildern der Großstadt als Labyrinth oder bedrohliches Spinnennetz aus, in ebenfalls sich stereotyp einstellenden Formeln der Unwirklichkeit wie „fantastic", „monstrous" oder „like live things" und im Bild der Marionette, das Wilde hier aus seinem Gedicht „The Harlot's House" von 1885 (CW 789 f.) zitiert.

Der räumliche Gegensatz von elegantem, müßiggängerischem Westen und lumpenproletarischem Osten ist nicht nur ein sozialer, sondern auch ein ästhetischer Gegensatz. Die stilgeschichtliche Zuordnung der aristokratischen Interieurs mit ihren sorgfältig arrangierten Preziosen und ihrem Flair überfeinerter Kultur zum Ästhetizismus fällt leicht. Problematischer dagegen ist die Einordnung der Arbeiterviertel und Slums. Vom Thema her wäre wohl zunächst an den Naturalismus zu denken, der sich ja gerade der gesellschaftlichen Wirklichkeit außerhalb von Aristokratie und Großbürgertum zugewandt hatte. Dem widerspricht jedoch die mangelnde Konkretheit, Präzision und Engagiertheit dieser Beschreibungen, die auch von der Kritik wiederholt beklagt wurden. So moniert Günter Weise, daß „diejenigen Kapitel des Romans, die in den Elendsviertel des East Ends spielen, am schwächsten geraten" sind, daß „Zugeständnisse an die niedere Unterhaltungsliteratur" hervortreten und die „Sphäre des werktätigen Lebens im Roman ganz unberücksichtigt bleibt"; und die Erzählerin Joyce Carol Oates merkt knapp und bündig an, Wildes „‚lower classes' are never anything but lower"[5].

Hier liegt also weder das objektive Milieustudium noch das sozialkritische Engagement der naturalistischen Literatur vor, sondern eine

---

[5] Günter Weise: Nachwort. In: Oscar Wilde: Das Bildnis des Dorian Gray. Übers. von Christine Hoeppner. Berlin 1967, S. 293; Joyce Carol Oates: ‚The Picture of Dorian Gray': Wilde's Parable of the Fall. In: Critical Inquiry 7 (1980), S. 419—428, hier S. 426.

dekadente Fasziniertheit durch das angebliche moralische Chaos der Slums, die primitive Brutalität der unteren Klassen und die Verruchtheit ihrer Lasterhöhlen. Der ästhetizistische Kult des Schönen schlägt dabei in die dekadente Suche nach *nouveaux frissons,* nach neuen, intensiven Sinnesreizen um, durch die einem überfeinerten Bewußtsein erst wieder Wirklichkeit erfahrbar gemacht werden soll. Der Roman bezeichnet ausdrücklich diesen Umschlagspunkt:

> Ugliness that had once been hateful to him because it made things real, became dear to him now for that very reason. Ugliness was the one reality. The coarse brawl, the loathsome den, the crude violence of disordered life, the very vileness of thief and outcast, were more vivid, in their intense actuality of impression, than all the gracious shapes of Art, the dreamy shadows of Song. (186)

Dekadenz und Naturalismus, die zwei durchaus polaren Kunsttendenzen des ausgehenden neunzehnten Jahrhunderts (s. u. IV. 3), berühren sich also in ihrem Interesse an den Randzonen der Gesellschaft, an den Tabubereichen der Kriminalität und den „Niederungen" des Proletariats, unterscheiden sich aber grundsätzlich in den Motivationen dieses Interesses: Geht es dem Naturalismus um sozialkritische Analyse, so sucht der *décadent,* getrieben von einer *nostalgie de la boue,* im angeblichen archaischen Primitivismus der Slums ein pervers potenziertes Raffinement extremer Erfahrungen; und zielt der Naturalismus darauf ab, die Welt der sozial Deklassierten aus deren Perspektive zu verstehen und zu gestalten, um so für Verständnis und gesellschaftliche Reformen zu werben, so bleibt der Blickwinkel des *décadent* immer der des zwischen Faszination und Abscheu schwankenden Außenstehenden, des emotionalen Abenteurers und Ausbeuters.

Das Großstadtlabyrinth gehört also mit dem klaustrophobischen Schreckensraum zur Topographie der Dekadenz, und beide sind durch die literarische Tradition bereits vorgeprägt — durch die Verliese und Horrorkabinette des romantischen Schauerromans bzw. die sensationslüsternen Schilderungen großstädtischen Elends in Feuilleton-Romanen wie Eugène Sues *Les Mystères de Paris* (1842/43). Diese Nähe zum Unterhaltungsroman eher als zu Baudelaires metaphysischer Auslotung der Großstadtexistenz in *Le Spleen de Paris* (1869) oder zur sozialen Anklage in Victor Hugos *Les Misérables* (1862) und in den naturalistischen Romanen Emile Zolas belegt auch die zunächst überraschende Ähnlichkeit zwischen den Milieuskizzen im *Dorian Gray* und in den zeitgenössischen Detektivromanen und -erzählungen von Arthur Conan Doyle.[6] Über „Die Lage der arbeitenden Klassen in England" (Friedrich Engels, 1845), über „London Labour and the London Poor" (Henry Mayhew, 1862), über „Life and Labour of the People of London" (Charles Booth, 1886) und über „Darkest England" (William Booth, 1890) ist in beiden nur wenig zu erfahren, da beide die Welt der Unterschichten in nächtliches Dunkel und malerischen Nebel tauchen. Ihre Schilderung ist weder bei Conan Doyle noch bei Wilde sozialkritisch motiviert, sondern dient vor allem als Reizlieferant für detektivische Spannung bzw. dekadente Lust am Aparten. Der Fokus des Interesses liegt dabei für Wilde eindeutig auf den ästhetizistischen Oasen der Aristokraten, den erlesenen Interieurs, den eleganten Straßenzügen und Plätzen Mayfairs und den gepflegten Gärten und Parks; das „andere London" hat im Vergleich dazu nur die Kontrastfunktion einer gleichzeitig bedrohlichen und faszinierenden Gegenwelt, die der Ästhet zynisch ausblendet, der Philantrop sentimental verharmlost und der *décadent* als Stimulanz der Nerven sucht.

2. Kult des Ich

Innerhalb der hektisch und häßlich produzierenden viktorianischen Welt (s. u. IV. 1) zeichnen sich Wildes Helden schon dadurch aus, daß sie nichts produzieren, und dies nicht einfach aus Faulheit, sondern aus Prinzip, aus einer Art Askese heraus, die sich vor der Befleckung durch das Materielle und Vulgäre zu bewahren sucht. Sie produzieren nichts — oder allenfalls eine sich selbst bespiegelnde Kunst (Basil) bzw. sich selbst (Lord Henry, Dorian). Und sie „produzieren" sich in einem doppelten Wortsinn: Sie schaffen und formen sich zum Paradigma einer exklusiven Idealität, und sie stellen sich in ihrer beispielhaften Idealität zur Schau. Ihr Müßiggang hat Methode und steigert sich in einen *culte du moi*, wie ihn zur selben Zeit in

---

[6] Vgl. Philippe Julian: Das Bildnis des Oscar Wilde. Hamburg 1972, S. 209 und Werner von Koppenfels: Mysterium und Methode. Sherlock Holmes als Heldenfigur des Fin de siècle. In: Die 'Nineties. Das englische Fin de siècle zwischen Dekadenz und Sozialkritik. Hrsg. von Manfred Pfister / Bernd Schulte-Middelich. München 1983, S. 164–180, hier S. 164 f.

Frankreich Maurice Barrès in seiner gleichnamigen Romantrilogie (1888/91) feiert.[7]
Dieser Kult des Ich beginnt bereits bei der sorgfältigen Pflege der eigenen Körperschönheit in elaborierten Toilettenritualen und bei der wechselseitigen Bewunderung vor allem männlicher Wohlgeformtheit. Der Tonfall erinnert hier an die ersten Abschnitte (154 a bis 155 d) von Platons *Charmides*-Dialog[8], und hier wie dort ist der Schönheitspreis in seinem Gegenstand und seiner besonderen Sensibilität homoerotisch getönt. Wilde hatte ja schon in dem Gedicht „Charmides" aus *Poems* (1881) Platons schönem Jüngling ausgiebig gehuldigt, und der Preis jünglingshafter Schönheit durchzieht leitmotivisch sein Gesamtwerk. Besonders die essayistische Erzählung „The Portrait of Mr. W. H." (1889) nimmt hier dieses Motiv und diese Konfiguration vorweg: So wie hier „Shakespeare" den jungen Schauspieler „Mr. W. H." bewundert und dadurch künstlerisch inspiriert wird, vergöttert Basil seinen Freund Dorian und findet damit zu künstlerischer Vollendung. Beide Texte sind dabei bemüht, diesem homoerotischen Kult männlicher Schönheit dadurch eine besondere Weihe zu verleihen und von einer bloß physischen Homosexualität abzuheben, daß sie ihn in eine eindrucksvolle Tradition rücken, die von Sokrates und Charmides, Hadrian und Antinoos (CW 1193) über Shakespeare und den jungen Mann der Sonette bis zu Winckelmann reicht: „It was not that mere physical admiration of beauty that is born of the senses, and that dies when the senses tire. It was such love as Michel Angelo had known, and Montaigne, and Winckelmann, and Shakespeare himself." (119)
Diese Bewunderung männlicher Schönheit wird noch weiter dadurch ins Geistige geadelt, daß Lord Henry sie in den Kontext eines allgemeinen Schönheitskults einbindet:

> You have a wonderfully beautiful face, Mr. Gray. Don't frown. You have. And Beauty is a form of Genius — is higher, indeed, than Genius, as it needs no explanation. [. . .] People say sometimes that Beauty is only

---

[7] Vgl. dazu Peter Bürger: Der Ästhetizismus als Rückzug aufs Subjekt. Die ,Entdeckung des Ich' bei Maurice Barrès. In: Naturalismus/Ästhetizismus. Hrsg. von Christa Bürger / Peter Bürger / Jochen Schulte-Sasse. Frankfurt 1979, S. 39–47. Zur Ich-Konzeption des Ästhetizismus und der Dekadenz vgl. auch Jens Malte Fischer: Fin de siècle. Kommentar zu einer Epoche. München 1978, S, 71–78. – Vom „Kult des Ich" sprach schon Baudelaire in seinen „Dandy"-Aufsatz von 1863 (s. u.).

[8] Vgl. Frances Winwar: Oscar Wilde and the Yellow Nineties. New York 1940, S. 164 f.

superficial. That may be so. But at least it is not so superficial as Thought is. To me, Beauty is the wonder of wonders. It is only shallow people who do not judge by appearances. The true mystery of the world is the visible, not the invisible. (21 f.)

Der letzte Satz variiert ein Wort Théophile Gautiers, des Kronzeugens des Ästhetizismus für Wilde, das der Erzähler später auf Dorian selbst anwenden wird: „Like Gautier, he was one for whom ‚the visible world existed'." (129)[9] Schönheit wird damit zum höchsten Gut, zum quasi-sakralen Mysterium der Schöpfung und zum Charisma dessen, der sie besitzt. Der traditionelle Gegensatz zwischen Oberfläche und Tiefe, den Lord Henry hier in paradoxen Wendungen umspielt, wird dabei aufgehoben, denn die Schönheit ist — wie die Kunst in der bekannten Formulierung des „Preface" — „at once surface and symbol" (XXIV). Körper und Geist, Sinne und Seele sind eng aufeinander bezogen, beeinflussen und spiegeln einander, wie der Roman nicht müde wird immer wieder zu betonen (20, 58, 130, 133, 185), und daraus leitet sich für Basil als ästhetizistisches Lebensprogramm die Harmonisierung von Körper und Seele ab: „The harmony of soul and body — how much that is! We in our madness have separated the two, and have invented a realism that is vulgar, an ideality that is void." (10)

Die Gleichberechtigung, die Harmonie von Schönheit und Geist — das ist das eine Ziel des ästhetizistischen Lebensprogramms; das andere, damit verwandte Ziel ist die Selbstverwirklichung des Individuums, die organische Entwicklung der eigenen Anlagen: „The aim of life is self-development. To realize one's nature perfectly — that is what each of us is here for. People are afraid of themselves, nowadays. They have forgotten the highest of all duties, the duty that one owes to one's self." (17) Lord Henry erhebt hier den auf Aristoteles zurückgehenden Entelechie-Gedanken zum ethischen Imperativ und greift damit ein Ideal auf, das seit der Romantik das pädagogische Denken über die organische Entfaltung des Individuums und die literarische Gattung des Entwicklungsromans bestimmt hat.[10] Er radikalisiert diesen Gedanken jedoch entscheidend, wenn er dieses höchste Ziel des Menschen, „to be highly

---

[9] Wilde wird sich in *De Profundis* (L 509) selbst mit diesem Wort charakterisieren, das im *Journal des Goncourts* (1. 5. 1857) überliefert ist.

[10] Vgl. dazu Charles Altieri: Organic and Humanistic Models in some English Bildungsroman. In: Journal of General Education 23 (1971) S. 220–240, zu *Dorian Gray* S. 221–230; Jerome Hamilton Buckley: Season of Youth. The Bildungsroman from Dickens to Golding. Cambridge Mass. 1974.

organized" (74), ganz von gesellschaftlichen Bindungen, Rücksichten und Verpflichtungen loslöst und damit einen „egotism" (74) propagiert, der nur noch wenig mit romantischen Vorstellungen zu tun hat.[11] Als Kult des Ich ist dieser Egoismus freilich nicht mit jener primitiven, instinkthaften Selbstsucht zu identifizieren, wie er der kapitalistischen Ökonomie zugrundeliegt. Der hier gemeinte Egoismus ist vielmehr die Negation der Negation, wendet sich also gegen christliche Mitleidsethik und bürgerliche Moral als den spezifisch viktorianischen Formen der Kompensation der Eigensucht. Nicht Rückfall ins Primitive natürlicher Triebe, sondern die bewußte Kultur, Verfeinerung und allseitige Entfaltung der individuellen Subjektivität, die Intensivierung ihrer Erlebnis- und Genußfähigkeit sind damit seine Zielvorgabe.

Lord Henrys Schlagwort für dieses Programm ist „new Hedonism" (22) — wie der Name schon belegt ein Rückgriff auf die antike Philosophie des Aristippos von Kyrene und seiner Schüler, nach der die Lust und das Vergnügen als das höchste Gut und Ziel allen Handelns gelten.[12] Dorian, auch hierin ein gelehriger Schüler seines Mentors, faßt diese Theorie wie folgt zusammen:

> Yes: there was to be, as Lord Henry had prophesied, a new Hedonism that was to recreate life, and to save it from that harsh, uncomely puritanism that is having, in our own day, its curious revival. It was to have its service of the intellect, certainly; yet, it was never to accept any theory or system that would involve the sacrifice of any mode of passionate experience. Its aim, indeed, was to be experience itself, and not the fruits of experience, sweet or bitter as they might be. Of the asceticism that deadens the senses, as of the vulgar profligacy that dulls them, it was to know nothing. But it was to teach man to concentrate himself upon the moments of a life that is itself but a moment. (130 f.)

Dem zeitgenössischen Publikum klangen bei diesen Sätzen jedoch nicht die Formulierungen der antiken Kyrenaiker oder Epikuräer im Ohr, sondern die berühmt-berüchtigte „Conclusion" zu Walter Paters *Studies into the History of the Renaissance* (1873). Hier schon findet sich die Ablehnung von Theorien und Systemen, insofern sie der Offenheit und Intensität der Erfahrung im Wege stehen: „The theory or idea or system which requires of us the sacrifice of any part of this experience [. . .] has no claim upon us." Hier schon erscheint die Erfahrung selbst, unabhängig von ihren moralischen Implika-

---

[11] Zum „egotism" bei Wilde vgl. Rodney Shewan: Oscar Wilde. Art and Egotism. London 1977.
[12] Zu diesem Begriff und seinem geistesgeschichtlichen Kontext vgl. Norbert Kohl: Oscar Wilde, S. 256–262.

tionen, als Selbstzweck und höchstes Ziel: „Not the fruit of experience, but experience itself, is the end." Und hier schon verdichtet sich diese Erfahrung im intensiv erlebten Augenblick, wie ihn nach Pater vor allem oder allein die Kunst vermitteln kann: „for art comes to you professing frankly to give nothing but the highest quality to your moments as they pass, and simply for those moments' sake"[13]. Berüchtigt machte diesen Text, daß innerhalb der „Conclusion" selbst die Intensität subjektiver und auf Augenblicke hin verdichteter Erfahrung verabsolutiert und durch keinerlei moralische Korrektive inhaltlich begrenzt wird, und dies bewog Pater auch dazu, zur Vorbeugung von Mißverständnissen durch junge Menschen bei der zweiten Auflage auf den Nachdruck der „Conclusion" zu verzichten und schließlich in seinem Bildungsroman *Marius the Epicurean* (1885) seine Position zu klären. Wilde war wohl einer der jungen Menschen, an die Pater dabei dachte, denn ihm wurde das Werk seines bewunderten Oxforder Lehrers zum „golden book", das er überall mit sich führte, auch wenn er sich der Gefährlichkeit seiner Thesen bewußt war: „[. . .] it is the very flower of decadence: the last trumpet should have sounded the moment it was written"[14].

Lord Henrys Programm eines *New Hedonism* ist hier jedoch weniger radikal als Paters „Conclusion", denn es wendet sich zwar wie diese gegen den sinnenfeindlichen Puritanismus der Zeit, setzt aber doch dem Spielraum der Erfahrungen ausdrücklich Schranken, indem es „vulgar profligacy" ausgrenzt. Lord Henry bleibt dabei freilich im Rahmen seines hedonistischen Ansatzes, indem er diesen Erfahrungsbereich nicht aus moralischen Gründen verwirft, sondern aus den ästhetischen einer Abstumpfung und Vergröberung der Sinne. Überhaupt kann „vulgar profligacy" nicht einfach moralisch definiert sein, da ja Lord Henry an anderer Stelle ausdrücklich auch die Sünde als Bereicherung der Erfahrung im grauen Einerlei gesellschaftlicher Normen bezeichnet: „Sin is the only real colour-element

---

[13] Zitiert nach Eric Warner / Graham Hough (Hrsg.): Strangeness and Beauty. Cambridge 1983. Bd. 2, S. 32 f. Vgl. dazu Norbert Kohl: Memento vivere. Walter Paters Philosophie des Augenblicks in der „Conclusion". In: Antike und Abendland 20 (1974) S. 125–150. Zum Einfluß Paters auf Wilde vgl. Eduard J. Bock: Walter Pater's Einfluß auf Oscar Wilde. Bonn 1913; Ernst Bendz: The Influence of Pater and Matthew Arnold in the Prose-Writings of Oscar Wilde. Gothenburg/London 1914 und den Forschungsbericht in Wolfgang Maier: Oscar Wilde. The Picture of Dorian Gray. Eine kritische Analyse der anglistischen Forschung von 1962 bis 1982. Frankfurt 1984, S. 15–101.

[14] William Butler Yeats: Autobiographies. London 1955, S. 130. Vgl. auch *De Profundis* (L 471).

left in modern life." (29) Nicht Sünde und Immoral an und für sich werden also aus dem Bereich intensiver Erfahrungsmöglichkeiten ausgeschlossen, sondern allein eine vulgäre Verworfenheit, denn, wie Lord Henry in einem Zusatz zur Buchausgabe sagt: „All crime is vulgar, just as all vulgarity is crime." (212)

Verwandt mit dem Programm des „Neuen Hedonismus" ist Lord Henrys „Hellenic ideal": Beide markieren einen Rückgriff hinter Puritanismus und christliches Mittelalter in die Sinnenwelt der Antike, eine Neubetonung des ästhetischen Werts einer harmonischen Selbstentfaltung gegenüber der restriktiven viktorianischen Moral, die in dieser Perspektive als Rückfall in einen primitiven Atavismus der Selbstverstümmelung erscheint.[15] Lord Henry entwickelt diesen geschichtsphilosophischen Gedankengang im selben großen Lehrgespräch des 2. Kapitels, das in der Verkündigung des „Neuen Hedonismus" gipfelt:

> I believe that if one man were to live out his life fully and completely, were to give form to every feeling, expression to every thought, reality to every dream — I believe that the world would gain such a fresh impulse of joy that we would forget the maladies of mediaevalism, and return to the Hellenic ideal — to something finer, richer, than the Hellenic ideal, it may be. But the bravest man amongst us is afraid of himself. The mutilation of the savage has its tragic survival in the self-denial that mars our lives. Every impulse that we strive to strangle broods in the mind, and poisons us. The body sins once, and has done with its sin, for action is a mode of purification. [. . .] The only way to get rid of a temptation is to yield to it. Resist it, and your soul grows sick with longing for the things it has forbidden to itself, with desire for what its monstrous laws have made monstrous and unlawful. (17 f.)

Wilde war von seinem Verlag Ward & Lock, der die Buchausgabe betreute, aufgefordert worden, diese schockierende Apologie der Sünde zu streichen, weigerte sich aber, denn „after all it is merely Luther's Pecca Fortiter put dramatically into the lips of a character" (L 288). Dies ist natürlich ein Ablenkungsmanöver, da die Begründung des Imperativs eine ganz andere ist. Für Luther ergibt sie sich daraus, daß der Mensch in seinem Gefallensein gar nicht umhin kann zu sündigen, während Wildes Lord Henry gerade davon ausgeht, daß der Mensch sich nur dann vollkommen entfalten kann, wenn er sich nicht durch Gesetze einschränken läßt, und daß Sünde

---

[15] Eine wichtige Quelle für Wildes Opposition von „Hellenic ideal" und „mediaevalism" ist Matthew Arnolds 4. Kapitel, „Hebraism and Hellenism", in *Culture and Anarchy* (1869).

keine objektive Realität darstellt, sondern erst durch Normen und Tabus hervorgetrieben wird.

In einem Zusatz zum 4. Kapitel, der sich ebenfalls noch nicht in der Zeitschriftenfassung findet, läßt Wilde Lord Henry dessen „fascinating, poisonous, delightful theories" (77) weiter erläutern und in Hinblick auf das Verhältnis von individuell ästhetischen (Erfahrung, Vergnügen, Lust) und gesellschaftlich ethischen Werten differenzieren. Er setzt dabei die freilich vage bleibende Kategorie der Natur als letzte Wertinstanz: „Pleasure is Nature's test, her sign of approval. When we are happy we are always good, but when we are good we are not always happy." (77) „Nature" heißt dabei wohl, wie Lord Henry hinzufügt, die freie Entfaltung der eigenen Anlagen, nicht eine allgemein vorgegebene anthropologische Menschennatur:

> To be good is to be in harmony with one's self [. . .] One's own life – that is the important thing. As for the lives of one's neighbours, if one wishes to be a prig or a Puritan, one can flaunt one's moral views about them, but they are not one's concern. Besides, Individualism has really the higher aim. Modern morality consists in accepting the standard of one's age. I consider that for any man of culture to accept the standard of his age is a form of the grossest immorality. (78)

In einer solchen „Umwertung aller Werte" (Nietzsche; 1887), der sich die konventionelle Moral zur Immoralität verkehrt, werden Erfahrungen in dem Maße wertvoll, wie sie die individuelle Subjektivität reizen und bereichern. Da die vertrauten und gängigen Erfahrungen, eben weil sie vertraut und gängig sind, diese Stimulation nicht mehr zu leisten vermögen, beinhaltet der Neue Hedonismus den Imperativ der Suche nach immer neuen Erfahrungen: „Be always searching for new sensations", fordert Lord Henry (22) und befindet sich auch hierin im Einklang mit Paters „Conclusion", in der es heißt: „What we have to do is to be for ever curiously testing new opinions and courting new sensations."[16] Die neugierige Offenheit für Erfahrungen und die Suche nach immer neuen Reizen wird damit zu einem der Leitmotive des ganzen Romans und zum Lebensprogramm Dorians, der sich mit einer „mad curiosity", einer „passion for sensation" (48), einer „infinite curiosity about life" (105 u. 128) ins Leben stürzt und in „his search for sensations that would be at once new and delightful, and possess that element of strangeness that is so essential to romance" (132), sich immer neuen und ungewöhnlicheren sinnlichen, gesellschaftlichen und geistigen Abenteuern stellt.

---

[16] Zitiert nach Strangeness and Beauty, Bd. 2, S. 32.

Diese vorbehaltlose „Leidenschaft der Neugierde" (Cyrus Atabay; 1981) und diese experimentelle Offenheit der Erfahrungswirklichkeit gegenüber hat etwas vom Ethos der Wissenschaft an sich, und Lord Henry zeigt sich ja auch von den „methods of natural science" (56), von ihrer „experimental method" (58), fasziniert. Auch sein Schüler Dorian wird gelegentlich von einem „feeling of almost scientific interest" (95) ergriffen und er bewundert am Helden des „yellow book" die Mischung von „the romantic and the scientific temperaments" (127). Hier liegt eine merkwürdige dialektische Verschränkung vor, denn die Wissenschaft mit ihrer strengen Methodik, ihrem intersubjektiven Wahrheitsanspruch und ihrem Materialismus der Fakten wird ja sonst gerade von den Ästheten und Ästhetizisten verworfen und als Basis von Positivismus, Realismus, Utilitarismus und Technologie bekämpft. Wissenschaft und Hedonismus haben jedoch einen gemeinsamen Feind – die Befangenheit in moralischen Normen und gesellschaftlichen Normierungen; und sie haben zumindest ein gemeinsames Ziel – neue Erkenntnisse und neue Erfahrungen. Hierin begegnen sich also äußerster Objektivismus und äußerster Subjektivismus, wenn sie sich auch im Gegenstand dieser Lust am Neuen trennen. So heißt es von Lord Henry, „the ordinary subject-matter of [...] science had seemed to him trivial and of no import", denn die Naturwissenschaft – so die implizite Begründung – hat es ja mit der empirischen Realität außerhalb des Menschen und unabhängig von seiner Subjektivität zu tun, während ihn allein die menschliche Subjektivität bzw. die äußere Wirklichkeit in ihrem Bezug auf das individuelle Wahrnehmungs- und Erfahrungssubjekt interessiert: „And so he had begun vivisecting himself, as he had ended by vivisecting others. Human life – that appeared to him the one thing worth investigating." (56) „Vivisection" und „investigation" – das sind Begriffe aus der Naturwissenschaft, und sie setzen hier wie dort eine Distanz zwischen beobachtendem Subjekt und beobachtetem Objekt voraus. Erst die Distanz zur eigenen Erfahrung ermöglicht den bewußten Genuß der Erfahrung und enthebt des Leides, das mit jeder Erfahrung immer auch gegeben ist. Diese Distanz und Kontrolle will auch Dorian übernehmen – „I don't want to be at the mercy of my emotions. I want to use them, to enjoy them, and to dominate them." (108) – und er erinnert sich dabei, wie so oft, einer Maxime seines Freunds und Mentors: „To become the spectator of one's own life, as Harry says, is to escape the suffering of life." (110) An Lord Henry fällt insgesamt auf, daß er sich selbst und seinen Mitmenschen gegenüber eine distanzierte, theoretisch reflektierende Haltung einnimmt, daß er sich kaum je durch verbindliche Handlung festlegt, sondern seinen Handlungen und Argumenten immer etwas Tentatives und Experimentelles anhaftet. Dies unterscheidet ihn ja grundlegend von Dorian, der dort spontan handelt, wo Lord Henry distanziert reflektiert; und dies bedingt auch die Funktion Dorians für ihn. Er ist ihm ein Medium stellvertretender Erfahrungen, eine „Versuchsperson", über die er sich selbst objektivieren kann:

> There was something terribly enthralling in the exercise of influence. No other activity was like it. To project one's soul into some gracious form, and let it tarry there for a moment; [...] to convey one's temperament into another as though it were a subtle fluid or a strange perfume: there was a real joy in that — perhaps the most satisfying joy left to us in an age so limited and vulgar as our own, an age grossly carnal in its pleasures, and grossly common in its aims ... (35)

Lord Henrys Beeinflussung seines Schülers ist ein Experiment, eine Versuchsanordnung, in der Dorian zum Reagenzglas wird, in dem die Mischung und Wirkung von Erfahrungen und Emotionen studiert werden kann, ohne daß sich der Experimentator dabei selbst aufs Spiel setzen muß. Solche Distanzierung hat also eine doppelte Funktion: Sie ermöglicht einerseits eine genußintensivierende und reizvolle Bewußtheit, und sie erweitert andererseits risikolos den Spielraum der *nouveaux frissons,* die dem Kult des Ich neue Nahrung geben sollen (s. u. III. 4).

Die Projektion des eigenen Ich über den Einfluß auf einen Anderen ist jedoch nur eine Form der raffinierten Erweiterung und Intensivierung von Erfahrungsmöglichkeiten. Ein anderes Medium dafür ist die Kunst, die als Malerei, Kunstgewerbe, Musik und Dichtung im Roman eine wichtige Rolle spielt und den Ästheten als Projektionsfolie und breites Identifikationsangebot dient, und eine ähnliche Funktion erfüllen auch die Geschichte, die Philosophie und exotische Kulte und Kulturen, wie vor allem im zentralen Kapitel XI für Dorian gezeigt wird (s. u. III. 3). Aber auch ohne solche Projektionen kann der Kult des Ich eine Vielfalt von Seinsmöglichkeiten zelebrieren und erproben, wenn das Ich sich nicht mehr als verbindliche Instanz erfährt, sondern als offene und labile Bezugsgröße; wenn es also nicht mehr Treue zu sich selbst und Konsequenz fordert, sondern gerade im ständigen Wandel, in immer neuen Metamorphosen seine Einheit sieht. Im Roman gestaltet sich dieses Denkmotiv als eine Diskussion über die Kategorie der *sincerity,* die seit der Romantik die literaturkritische und lebensprogrammatische Diskussion beherrscht hat.[17] Dabei wird der romantische Subjektivismus der *sincerity* durch einen dekadenten Subjektivismus der *insincerity* ersetzt, der gerade in der spielerisch-experimentellen Unverbindlichkeit ein reizvoll vielfältiges Rollenrepertoire und den heuristischen Wert neuer und überraschender Perspektiven jenseits rigider Prinzipien und zur Gewohnheit verfestigter Schemata sucht. Dazu Lord Henry:

> [. . .] the value of an idea has nothing whatsoever to do with the sincerity of the man who expresses it. Indeed, the probabilities are that the more insincere the man is, the more purely intellectual will the idea be [. . .]. I like persons with no principles better than anything else in the world. (9)

Der sich und seinen Prinzipien Treue ist immer derselbe, während Prinzipienlosigkeit und *insincerity* sich vorbehaltloser und intensiver auf den einzelnen Moment einlassen und das eigene Ich in eine Vielzahl von Rollen entfalten können. Wieweit sich freilich die Aufspaltung, ja Fragmentarisierung des Individuums, die Dorian erfährt, mit Lord Henrys Programm der harmonischen und allseitigen Selbstverwirklichung verträgt, ist eine andere Frage (s. u. III. 4).

Wir haben bisher Lord Henrys ästhetizistisches Lebensprogramm, seinen Kult des Ich, beschrieben und haben dabei auch Dorian insoweit berücksichtigt, als sich seine Einstellungen mit denen seines Mentors decken. Dieses Programm, das Wilde auch schon in seinen theoretischen Essays, vor allem in den beiden Dialogen *The Decay of Lying* (1889) und *The Critic as Artist* (1890) entwickelt hatte, ist natürlich nicht seine freie Erfindung, sondern in geistes- und literaturgeschichtlichen Traditionen vorgeprägt und durch den sozialhistorischen Kontext bedingt. So ist Lord Henry zunächst schon dem Typen des *Ästheten* zuzuordnen, dessen englische Wurzeln über Pater zum Sensualismus und Schönheitskult des Romantikers John Keats zurückreichen. „A thing of beauty is a joy for ever" (*Endymion*, I, 1) und „Beauty is truth, truth beauty" („Ode on a Grecian Urn", 49) – das sind zwei Perspektiven aus Keats' Denken, die auch Lord Henrys Ästhetizismus bestimmen, und ebenso deckt sich Keats' Ideal einer „Negative Capability" als einer existentiellen Offenheit und Bereitschaft, „in uncertainties, Mysteries, doubts, without any irritable reaching after fact and reason" zu verweilen, weitgehend mit

---

[17] Vgl. dazu M. H. Abrams: The Mirror and the Lamp. Romantic Theory and the Critical Tradition. New York 1953, S. 312–320; Lionel Trilling: Sincerity and Authenticity. Cambridge, Mass. 1972; Norbert Kohl: Oscar Wilde, S. 162–164.

der Systemfeindlichkeit und dem Antipositivismus Lord Henrys.[18] Keats freilich ist ein schöpferischer Künstler, während Lord Henrys Schönheitskult passiv genießend bleibt, und Keats' Denken und Dichtung relativiert den Ästhetizismus durch kontrastierende Perspektiven, während Lord Henry einsinnig am Primat ästhetischer Werte festhält. Und dazu kommt noch der soziale Unterschied zwischen dem „Cockney" Keats und dem Aristokraten Lord Henry. Zum Bild des Ästheten gehört also die kultivierte Passivität, der rezeptive Genuß von Schönheit, der nur dort aktiv wird, wo es darum geht, die eigene Lebenspraxis (Interieurs, Kleidung, Kosmetik, Verhaltensformen, Esprit) zu ästhetisieren. Die sozialen Voraussetzungen für diese Ästhetenexistenz sind Muße und ökonomische Unabhängigkeit, und ihre gesellschaftliche Funktion ist die des Eskapismus, die Flucht gerade vor jenen sozialen und ökonomischen Faktoren, die diese Freistellung aus dem Produktionsprozeß finanziell ermöglichen (s. u. IV. 1). Diese eskapistische Funktion des Schönheitskults und Ästhetentums wird nicht negativ-kritisch gesehen, sondern ausdrücklich zum Programm erhoben.

Mit dem Typ des Ästheten verwandt ist der *Dandy*. Auch für ihn reduzieren sich Normfragen auf Formfragen, und auch ihn kennzeichnet eine Entfremdung von der bürgerlichen Gesellschaft, eine kritische Distanz, die sich jedoch nicht in aktivem Antagonismus äußert. Im Gegensatz zum Ästheten ist jedoch der Dandy zur Befriedigung seines Form- und Schönheitsbedürfnisses nicht auf Kunst angewiesen, sondern kann es durch die Ästhetisierung der eigenen Person stillen; dagegen ist er, auch hierin ungleich dem Ästheten, auf ein Publikum angewiesen, das sich von seiner Selbstdarstellung provozieren läßt bzw. ihr bewundernd Beifall zollt.[19] Im *Dorian Gray* erscheint der Begriff in doppelter Perspektive – als abschätzige Etikettierung durch den Proletarier James Vane (66) und als positives Programm des „Dandyism" für Dorian (129). Wenn Dorian dabei den Dandy vor allem in Hinblick auf „fashion" und „mode of

---

[18] Letters of John Keats. Hrsg. von Robert Gittings. Oxford 1970, S. 43.

[19] Aus der großen Zahl von Studien zum Dandy sei hier besonders verwiesen auf Otto Mann: Der moderne Dandy. Ein Kulturproblem des 19. Jahrhunderts. Heidelberg 1925; Hans Hinterhäuser: Der Aufstand der Dandies. In: ders.: Fin de Siècle. Gestalten und Mythen. München 1977, S. 77–106; Klaus P. Hansen: Die Anbiederung des Dandy (s. Anm. 1); Andreas Höfele: Dandy und New Woman. In: Die 'Nineties, S. 147–163. Die wichtigsten Quellen zur Theorie des Dandy im 19. Jahrhundert bietet Hans-Joachim Schickedanz (Hrsg.): Der Dandy. Texte und Bilder aus dem 19. Jahrhundert. Dortmund 1980.

dressing" definiert, greift Wilde damit auf die Anfänge des Dandytums und der Dandy-„Philosophie" im frühen neunzehnten Jahrhundert zurück, wie sie exemplarisch etwa durch Beau Brummell der Regency-Gesellschaft vorgelebt worden war und wie sie in den mit ausgewählter Eleganz, perfekten Manieren, urbanem Witz und emotionaler Unterkühltheit agierenden Dandy-Helden der „fashionable Novels" eines Edward Bulwer-Lytton (z. B. *Pelham, or The Adventures of a Gentleman;* 1828) oder Benjamin Disraeli schon bald in englischen Romanen verklärt wurden.[20] Nicht zufällig erinnert daher wohl der Name des Titelhelden bei Wilde an Disraelis ersten Roman *Vivian Grey* (1826/27), der auch das Vorbild für eine Romanstruktur abgibt, die um kunstvoll und geistreich geführte Konversationen zentriert ist.

Seine intellektuelle Vertiefung erfuhr die Dandy-Philosophie jedoch erst in Frankreich, insbesondere in Jules-Amédée Barbey d'Aurevillys Studie *Du dandyisme et de George Brummell* (1844), die den Dandy nicht mehr bloß über seine äußere modische Attitüde definiert, sondern, schon ganz im Sinne von Wildes Lord Henry, über seine geistige Fähigkeit „de produire toujours l'imprévu", sein selbstgefälliges Rollenspiel, und seine distanzierte Unerschütterlichkeit eines „stoïcien du boudoir"[21], und in Charles Baudelaires Skizze „Le Dandy"[22]. Hier wird der Dandyismus erstmals in einschneidenden Formulierungen soziologisch erfaßt:

> Der Dandysm erscheint mit Vorliebe in den Übergangszeiten, wenn die Demokratie noch nicht allmächtig ist, wenn die Aristokratie erst zum Teil wankt und herabsinkt. Im Trubel solcher Zeitläufe ist es möglich, daß manche deklassierten, degoutierten, müßigen Menschen, die im übrigen jedoch reich sind an ursprünglicher Kraft, den Plan fassen, eine Art neuer Aristokratie zu begründen, die um so schwieriger zerstörbar sei, als sie sich auf die kostbarsten, unaustilgbarsten Eigenschaften gründen soll, auf *die* Himmelsgaben, die Arbeit und Geld nicht zu verleihen vermögen. Der Dandysm ist der letzte Ausbruch von Heroismus in den Niedergangsepochen [...]. Der Dandysm ist ein Sonnenuntergang; gleich dem Gestirn, das zur Rüste geht, ist er erhaben, ohne Wärme und voll Melancholie. (107 f.)

---

[20] Vgl. dazu Friedrich Schubel: Das englische Dandytum als Quelle einer Romandichtung. Uppsala 1950 und ders.: Die fashionable Novels. Lund 1952.

[21] Zitiert nach Hans Hinterhäuser: Der Aufstand der Dandies, S. 85 und 87.

[22] Charles Baudelaire: Le Dandy. In: Curiosités esthétiques. L'Art romantique et autres Œuvres critiques. Hrsg. von Henri Lemaitre. Paris 1962, S. 481–486. Wir zitieren die deutsche Übersetzung in: Der Dandy. Hrsg. von Hans-Joachim Schickedanz, S. 105–108.

Diese Passage erhellt auch die historischen und gesellschaftlichen Bezugsfelder, in denen sich Wildes Dandys situieren: Auch sie sehen ihren aristokratischen Kult des Ich als heroisch-isolierte und durch das Bewußtsein des Scheiterns gebrochene und tragisch geadelte Geste des Protests gegen demokratische Gleichmacherei und bürgerliches Nützlichkeitsdenken, und auch sie erfahren sich als verspätete Relikte in einer Zeit des Umbruchs, die aus ihrer Perspektive als Spät- und Endzeit erscheint.

So schwingt in ihrer Zeitklage immer auch der dekadente Geschichtsmythos des Niedergangs und Verfalls mit, wie er in dem Schlagwort vom *Fin de siècle* für die neunziger Jahre auf eine griffige Formel gebracht worden war (s. u. IV. 3). „*Fin de siècle,*‘ murmured Lord Henry. ‚*Fin du globe,*‘ answered his hostess. ‚I wish it were *fin du globe,*‘ said Dorian with a sigh. ‚Life is a great disappointment‘.“ (179) Was hier so beiläufig in die Konversation eingeflochten wird, ist jedoch nicht nur Zeitklage, sondern auch das positive Programm einer Identifikation mit dem Unzeitgemäßen, dem Überreifen und dem Zerfall Geweihten, aus dem diese Dandys ihr Pathos der Unangepaßtheit schöpfen. Wie des Esseintes, der Held von Joris-Karl Huysmans' Dekadenz-Roman *A Rebours* (1884), nach dem das „yellow book" Lord Henrys ja geformt ist, lassen sie sich von früheren Perioden der Spätzeit faszinieren, beschäftigen sie sich mit Glanz und Greuel der spätrömischen Kaiserzeit und der italienischen Renaissance (145 f.) und geben sie sich dem ästhetischen Reiz der katholischen Riten und Dogmen hin (132 f. u. 139 f.), die wie sie die Last der Vergangenheit tragen und als unbotmäßige Relikte in die Gegenwart hereinragen. Gegen den Fortschrittsglauben seiner Zeit, sei er nun der des liberalen Bürgertums, der Sozialisten oder der Wissenschaft, setzt Lord Henry daher sein pessimistisches „Decay fascinates me more" (195), wobei diese Faszination auch ihn selbst, den dekadenten Dandy, einschließt und so seine introspektive Selbstbespiegelung weiter motiviert.

Die Identifikation mit dem Vergangenen und Zerfallenden ist jedoch nur die eine Seite des historischen Selbstverständnisses von Wildes Dandys, denn sie verstehen sich gleichzeitig als letzte Bastion der alten aristokratischen Ordnung und als Verkünder der „absolute modernity of beauty" (123) und Vorboten der Zukunft. „I give the truths of tomorrow" (194), nimmt Lord Henry für sich und seine paradoxe Umwertung der viktorianischen Werte in Anspruch und sieht damit seinen hedonistischen Subjektivismus, seinen amoralistischen Ästhetizismus und seine experimentelle Offenheit für jegliche Erfahrung nicht nur in das Licht des Baudelaireschen Sonnenuntergangs getaucht, sondern auch als Nietzschesche Morgenröte einer neuen Philosophie. Eben jene dialektische Spannung von weltmüdem Endzeitbewußtsein und pathetischer Antizipation des Neuen — eines Neuen, das freilich gesellschaftlich vage bleibt — bestimmt Wildes Gesamtwerk durchgehend, ebenso wie dieses hierin als Modell für die Kultur des Fin de siècle insgesamt gelten kann, die, indem sie den Weltuntergang probte, in ihren Experimenten und Paradoxa den Aufbruch zur Moderne vorbereitete, ja sich selbst im Zeichen des Neuen („Art Noveau"), Jugendlichen („Jugendstil") und Modernen („Wiener Moderne") definierte.[23]

Beide Formen der Ungleichzeitigkeit, die vergangenheits- wie die zukunftsorientierte, verleihen ihrem Träger das Pathos des Einzelnen, des von einer banalen Gegenwart Entfremdeten, und dieses Pathos gibt dem Kult des Ich seine heroische Dimension. Dieser Einzelne kann eigentlich nur noch sich selbst lieben oder allenfalls seinesgleichen. Das zentrale Symbol dafür ist der Ovidianische Mythos des *Narziß* (vgl. *Metamorphosen*, III, 344 ff.), der im *Dorian Gray* mit leitmotivischer Funktion wiederkehrt, wie er überhaupt in Wildes Gesamtwerk bis hin zu den Briefen und in der Literatur des Fin de siècle insgesamt eine Schlüsselposition einnimmt.[24] In Ovids Version des Mythos ist Narziß der androgyne Sohn eines Flußgottes und einer Nymphe, schön, aber ohne Seelentiefe, zu stolz, um die Liebe der Jungen und Mädchen zu erwidern, die um ihn werben, und so ganz ohne Selbsterkenntnis, daß die Begegnung mit seinem Spiegelbild im Wasser der Beginn einer tödlichen Selbstliebe wird. Wilde hebt in der Verwendung dieses Mythos vor allem auf die androgyne Schönheit und die mangelnde Selbsterkenntnis seines Dorian-Narziß ab. Schon im ersten Kapitel faßt Lord Henry das Portrait Dorians im Bild des Adonis und Narziß und betont dabei den ursächlichen Zusammenhang zwischen diesen beiden Eigen-

---

[23] Auf diese Dialektik von Endzeitbewußtsein und Aufbruch zum Neuen verweist schon Holbrook Jackson: The Eighteen Nineties. Harmondsworth 1939 (erste Auflage 1913), S. 19 f. Vgl. dazu auch Viktor Zmegač: Zum literaturhistorischen Begriff der Jahrhundertwende (um 1900). In: Deutsche Literatur der Jahrhundertwende. Hrsg. von Viktor Zmegač. Königstein/Ts. 1981, S. IX—LI, hier S. XIV f.

[24] Vgl. dazu die Belege bei Bernhard Fehr: Das Gelbe Buch in Oscar Wildes ‚Dorian Gray'. In: Englische Studien 55 (1921) S. 239. Zum Narzißmotiv im *Dorian Gray* vgl. Robert Keefe: Artist and Model in ‚The Picture of Dorian Gray'. In: Studies in the Novel 5 (1973) S. 63—70, hier S. 64; C. F. Keppler: The Literature of the Second Self. Tucson 1972, S. 79 f.; Jan B. Gordon: ‚Parody as Initiation': The Sad Education of ‚Dorian Gray'. In: Criticism 9 (1967) S. 355—371, hier S. 358 f.

schaften: „[...] beauty, real beauty, ends where an intellectual expression begins" (3). Durch die mythologische Anspielung wird so schon vor Dorians erstem Auftritt auf jene Eigenschaften hingewiesen, die ihm schließlich zum Verhängnis werden sollen, und auch dieses Verhängnis selbst wird durch die bekannte mythische Folie schon von Anfang an ominös beschworen.

Im Portrait, dem idealisierten Bild seines Ichs, findet Dorians autoerotische Fixierung sein äußeres Objekt, und daher tritt auch das Narzißmotiv gerade im Zusammenhang mit dem Portrait auf. Es wird zum Altarbild seines Ich-Kults, zum Ziel seiner erotischen Wünsche: „Once, in boyish mockery of Narcissus, he had kissed, or feigned to kiss, those painted lips that now smiled so cruelly at him." (105) Als weiteres Dingsymbol werden auf den Narzißmythos immer wieder Spiegel bezogen, denn Spiegel und Portrait sind in gleicher Weise Formen der Idolisierung des eigenen Ich. Sie werden beide aber auch zu Formen der Selbsterkenntnis — das Portrait, indem seine Veränderungen den seelischen Verfall nachzeichnen, die Spiegel, weil sie ihm die Diskrepanz von idealisiertem Ich und Realität schmerzhaft bewußt machen. Er teilt zwar anfangs noch nicht jene Spiegelphobie des anonymen Helden aus dem „yellow book", jenen „somewhat grotesque dread of mirrors, and polished metal surfaces, and still water, which came upon the young Parisian so early in his life, and was occasioned by the sudden decay of a beauty that had once, apparently, been so remarkable" (127).[25] Unmittelbar vor der Katastrophe jedoch zerschmettert er in einer symbolischen Geste den „curiously-carved mirror", den Lord Henry ihm einst als narzißtisches Kultobjekt geschenkt hatte (220) — eine Geste, die die Zerstörung des Portraits und damit seiner selbst unmittelbar präfiguriert. Dorians Selbstliebe endet damit in Selbsthaß, und der Teufelspakt um ewige Jugend und Schönheit, der den engen Zusammenhang zwischen Todesfurcht und Narzißmus erhellt, wie ihn die Psychoanalyse inzwischen herausgearbeitet hat, endet in der Selbstvernichtung.[26]

---

[25] Dieses Motiv findet sich nicht in der Hauptquelle für das „Yellow Book", in Huysmans' *À Rebours*, sondern ist wohl Gautiers *Mademoiselle de Maupin* (1835) entlehnt, dem ästhetizistischen Roman schlechthin, dessen Held d'Albert von der Furcht besessen ist, daß er dem Schicksal des Narziß anheimfallen wird und paradoxerweise gerade deshalb, um sich der Realität seines Äußeren zu versichern, sein Bild in allen Spiegeln, Flüssen und Bächen sucht.

[26] Vgl. dazu, mit ausdrücklichem Bezug auf *Dorian Gray*, Otto Rank: Der Doppelgänger. In: Imago 3, 2 (1914), S. 97—164, hier S. 150—164.

Die Psychoanalyse hat uns auch den engen Zusammenhang zwischen narzißtischer Autoerotik und einem bestimmten Typ von *Homosexualität* verdeutlicht, wie er für Dorian Gray und seine Freunde und wohl auch für Oscar Wilde selbst gegeben ist. Wenn nach Freud der Narzißmus darin besteht, daß die Entwicklung einer Person in jenem Stadium der Geschichte der Libido festgehalten wird, in der das Ich sich selbst das einzige Liebesobjekt ist, dann erscheint die Homoerotik als eine Erweiterung dieser primären Autoerotik, in der der Kult des eigenen Ich durch die Idealisierung von Ebenbildern ergänzt wird.[27] Die narzißtische Ich-Fixierung, die autoerotische Verliebtheit ins eigene Abbild und die homoerotische Bindung an den als idealisiertes eigenes Ich empfundenen Partner, wie sie Dorian, Lord Henry und Basil in unterschiedlichen Nuancierungen bestimmen, sind damit psychologisch eng verwandte Phänomene, worauf schon Otto Rank in Hinblick auf Dorians Narzißmus hingewiesen hat: „Die intimen Freundschaften mit jungen Männern, die Hallward ihm vorwirft [. . .], suchen die erotische Verliebtheit in das eigene jugendliche Ebenbild zu realisieren [. . .]".[28] Diese Homoerotik bleibt im Roman freilich ohne sexuellen Vollzug; sie wird als „love that dare not speak its name" (Alfred Douglas) ganz ins Ästhetische sublimiert und nirgendwo im Sinne eines emanzipatorischen Programms thematisiert, wie es zur selben Zeit etwa Edward Carpenter und die *Uranians* und, diskreter, John Addington Symonds aufklärerisch proklamierten (s. u. IV. 2).[29] Das provokative Potential des Romans bleibt damit weitgehend in die Anpassung an die sexuellen Normen der Zeit zurückgenommen, denn Wildes Kult des Ich ist ebenso wie der Dorians darauf angewiesen, akzeptiert, ja geliebt zu werden. Dieses Bedürfnis ist in sich, wie W. H. Auden — hierin durchaus selbst Betroffener — anmerkt, ein Symptom der narzißtischen und homoerotischen Inversion: „a person with a need

---

[27] Zu Freuds Narzißmustheorie vgl. die beiden Abhandlungen: Die Libidotheorie und der Narzißmus und Zur Einführung in den Narzißmus. In: Gesammelte Werke. Frankfurt ⁵1969, Bd. 10, S. 137–170 u. Bd. 11, S. 427–446. Zum Narzißmus als Motiv der deutschen und europäischen Kunst des Fin de Siècle vgl. auch Jens Malte Fischer: Fin de siècle. Kommentar zu einer Epoche. München 1978, S. 149 ff. und die Anthologie von Wolfgang Pehnt (Hrsg.): Das Spiegelkabinett. Stuttgart 1966.
[28] Otto Rank: Der Doppelgänger, S. 152.
[29] Vgl. dazu die kritischen Ansätze bei Kate Millet: Sexual Politics. Garden City, N. Y. 1970, S. 152–156 und Hans Mayer: Außenseiter. Frankfurt 1975, S. 260–267. Das *Dorian Gray*-Kapitel in Jeffrey Meyers: Homosexuality and Literature 1890–1930. London 1977, S. 20–31 fällt hinter diese Ansätze zurück.

67

to be loved universally is frequently homosexual."[30] Dies erklärt für Auden auch die enge Affinität zwischen homosexuellen und künstlerischen oder ästhetischen Neigungen, wie sie ebenfalls sowohl für Oscar Wilde als auch für seine Künstler und Ästheten im Roman gegeben ist: „the artist and the homosexual are both characterized by a greater-than-normal amount of narcissism", und die ästhetische Stilisierung soll das liebenswert machen, was sonst als Tabuverletzung schockieren würde.[31]

3. Kunst und Leben

Wildes Roman deutet bereits im Titel seinen thematischen Bezug auf Kunst an: Mit „Picture" ist das künstlerische Genre der Portraitmalerei genannt; der gesucht-preziöse Vorname Dorian erinnert an den antiken Baustil und an „those martial founders of the institution of Greek love", von denen John Addington Symonds schwärmte (s. u. IV. 2)[32]; und der Familienname Gray spielt auf den aparten Zwischenton Grau an, der in der Farb- und Lichtästhetik des Fin de siècle besonders umworben war.[33] Diese Erwartungen, die ja auch

---

[30] W. H. Auden: A Playboy of the Western World: St. Oscar, the Homintern Martyr. In: Partisan Review 17 (1950), S. 390–394, hier S. 391.

[31] An Improbable Life. In: Oscar Wilde. A Collection of Critical Essays. Hrsg. von Richard Ellmann. Englewood Cliffs / N. J. 1969, S. 116–137, hier S. 136.

[32] J. A. Symonds: Sex in the Poetry of Walt Whitman. In: Walt Whitman. A Study. London 1883; zitiert nach Derek Stanford (Hrsg.): Critics of the 'Nineties. London 1970, S. 93–109, hier S. 104; vgl. auch S. 102: „in a Dorian mood". Von dem 'Nineties-Dichter Victor Plarr erschien 1896 ein Gedichtband mit dem Titel *In the Dorian Mood*. Ähnlich preziös ist die Wahl der Namen Vivian und Cyril für die beiden Dialogpartner in *The Decay of Lying* – diese in ihrer Exotik.ebenfalls betont antiviktorianischen Namen sind übrigens auch die von Wildes Söhnen!

[33] Vgl. dazu M. Pfister: Endzeit und Augenblick. Zur Lyrik der 'Nineties. In: Die 'Nineties, S. 358–376, hier S. 367 f. Zur Symbolik des Namens Dorian Gray vgl. auch J. B. Gordon: Hebraism, Hellenism, and the Picture of Dorian Gray. In: The Victorian Newsletter 33 (1968) S. 36–38 und ders.: ,Parody as Initiation': The Sad Education of ,Dorian Gray'. In: Criticism 9 (1967) S. 355–371, hier S. 367 f. Dieser farbsymbolische Bezug scheint uns bedeutsamer zu sein als die mögliche Anspielung auf den 'Nineties-Lyriker John Gray; vgl. zu dieser schon von den Zeitgenossen diskutierten

schon durch den Namen des Autors und sein bisheriges Werk geweckt wurden, löst der Roman selbst voll ein, der zurecht von der Kritik immer wieder der Tradition des Künstlerromans zugeordnet wurde oder mit Wendungen wie „a parable of art and life", „a treatise [...] on aesthetics" oder „a highly serious meditation upon the moral role of the artist" charakterisiert werden konnte.[34] Auch wenn diese Formulierungen wohl zu stark eine starre Thesenhaftigkeit suggerieren, treffen sie doch im Kern zu: *Dorian Gray* ist nicht nur ein ins Milieu des ausgehenden neunzehnten Jahrhunderts versetzter Schauerroman, sondern reflektiert in impliziter und expliziter Weise auf seinen eigenen Status als Kunstwerk. (Im übrigen war natürlich auch schon die *gothic novel* Metapoesie im Sinn einer solchen Reflexion *über* Kunst *in der* Kunst.)

Diese Thematisierung der Dichtung bzw. der Kunst allgemein in einem literarischen Werk ist ein durchgehender Zug von Wildes Gesamtwerk. Von den frühen Gedichten über die Kunstmärchen bis hin zu *The Importance of Being Earnest* verschmilzt die kunsttheoretische Metakommunikation über das Verhältnis von Künstler und Kunst, von Kunst und Gesellschaft oder von Ästhetik und Ethik mit dem poetischen, narrativen oder dramatischen Diskurs, und die Fiktionalisierung und Ästhetisierung des kunsttheoretischen Diskurses in den „platonischen" Dialogen von *Intentions* (1891) ist nur die Kehrseite dieser Amalgamierung von fiktional-ästhetischem und kunsttheoretischem Diskurs (s. o. II. 2). Sie ist auch nicht allein für das Werk Wildes charakteristisch, sondern für die Literatur des Ästhetizismus und Symbolismus insgesamt, deren programmatisch hervorgehobene Selbstbezüglichkeit und Autotelik sich immer wieder auch darin äußert, daß die Kunst sich selbst zum Gegenstand wird, daß sie autoreflexiv nicht mehr über sich hinaus auf die gesellschaftliche Realität, sondern, sich davon ausgrenzend, auf sich selbst zurückverweisen will. Für sie gilt allgemein, was Epifanio San Juan für *Dorian Gray* betont hat: „Aesthetic experience fed on itself by being the paramount subject matter of fiction."[35]

Frage J. McCormack: The Disciple: John Gray / ‚Dorian Gray'. In: Journal of the Eighteen Nineties Society 6/7 (1975/76) S. 13—21.

[34] Maurice Beebe: Ivory Towers and Sacred Founts. The Artist as Hero in Fiction from Goethe to Joyce. New York 1964, S. 159; J. E. Hart: Art as Hero: The Picture of Dorian Gray. In: Research Studies (Washington State University) 46 (1978) S. 1—11, hier S. 2; J. C. Oates: The Picture of Dorian Gray: Wilde's Parable of the Fall. In: Critical Inquiry 7 (1980) S. 419—428, hier S. 420.

[35] The Art of Oscar Wilde. Princeton ²1978, S. 73.

Der die Kunst thematisierende Metadiskurs ist im *Dorian Gray* auf sehr vielfältige Weise mit dem narrativen Diskurs vermittelt. Ganz unvermittelt tritt er gleich zu Anfang auf — in jenem auktorialen kunsttheoretischen „Preface", auf das wir erst später (s. u. III. 5) näher eingehen wollen. Innerhalb des Romans selbst lassen sich dann mindestens fünf verschiedene Ebenen oder Formen dieser Thematisierung der Kunst differenzieren, die wir im Folgenden nach zunehmender Bedeutung für, und Integration in den Erzählzusammenhang an einzelnen Beispielen darstellen werden.

(1) Wiederholt wird die dargestellte Welt in der Erzählerrede durch *Metaphern* oder *Vergleiche* aus dem Bereich der Kunst charakterisiert. So schon in der Beschreibung der Eingangssituation (s. u. III. 1): Hier wird der Schatten von Vögeln auf den Seidenvorhängen, die den Innenraum des Studios gegen den Garten abschirmen, vom Erzähler im modischen Bild des *Japonisme* gefaßt — „producing a kind of momentary Japanese effect" —, und dies läßt Henry Wotton an „those pallid jade-faced painters of Tokio" denken, „who, through the medium of an art that is necessarily immobile, seek to convey the sense of swiftness and motion" (1). Damit wird nicht nur ein natürliches Phänomen, das sich bei genauerem Hinsehen ohnehin als komplexes Zusammenspiel von Natur und künstlichem Arrangement erweist, ästhetisiert, indem es Kunstwerken gleichgesetzt wird, sondern diese ästhetisierende Beschreibung impliziert darüber hinaus ein zentrales Paradox der Wildeschen Kunsttheorie, das er in *The Decay of Lying* am pointiertesten ausformuliert, nämlich daß „Nature follows the landscape painter (. . .) and takes her effects from him", oder allgemeiner: „Nature, no less than life, is an imitation of Art" (CW 98st). Und in einem letzten Analyseschritt enthüllt sich dieser Vergleich mit der japanischen Kunst als eine Vorausdeutung auf das zentrale Portrait-Motiv des Romans, denn hier wie dort geht es um die Spannung zwischen einem die Zeit fixierenden künstlerischen Medium und seinen durch die Zeit und ihre Veränderungen bestimmten Gegenständen. Wo die japanischen Maler jedoch nur den Schein der Bewegung vermitteln können und wollen, vollzieht Dorians magisches Portrait dessen Veränderungen wirklich nach.

(2) Die Wirklichkeit, in der sich Dorian, Henry und Basil vorwiegend bewegen, erscheint jedoch nicht nur durch solche Bilder und Metaphern ästhetisiert; sie steht nicht nur metaphorisch, sondern auch substantiell unter dem Aspekt der Kunst und Künstlichkeit, indem sie eine mit *Kunstobjekten* geradezu möblierte Wirklichkeit ist. Preziosa, *objets d'art* und Kunstwerke bestimmen die Interieurs der

drei jungen Männer, und auch alle erwähnten Gebrauchsgegenstände überhöhen oder kaschieren ihre profane Funktion durch ihr kostbares Material, ihre historische oder exotische Aura oder ihre künstlerisch-kunsthandwerkliche Gestaltung (vgl. für Dorian etwa 89, 93 f., 107, 123, 126, 183 und Kapitel XI, das ein Inventar von Dorians Preziosensammlungen ausbreitet). Die Sammelwut ist programmatisch, denn man setzt sich mit diesem Enthusiasmus für das Erlesene von den viktorianischen Philistern ab, von jenen allein nach dem Nutzen fragenden „extremely old-fashioned people", die noch nicht erkannt haben, „that we live in an age when unnecessary things are our only necessities" (93).[36] Gleichzeitig schirmt man sich damit auch von der profanen Wirklichkeit ab, und dazu dienen nicht nur die bildenden Künste und das Kunsthandwerk, sondern auch die Poesie und die Musik. Schumanns *Forest Scenes* (14) und Chopins Klavierstücke (212) rahmen im zweiten bzw. vorletzten Kapitel den Roman musikalisch ein, und Richard Wagners *Lohengrin* (45) und *Tannhäuser* (135) faszinieren die Ästheten.[37] Wie solcher Kunstgenuß hier der Wirklichkeitsflucht dient, zeigt schließlich modellhaft die Szene in Kapitel XIV, in der Dorian − nach der Ermordung Basils und während er auf Alan Cambell wartet, der die Leiche beseitigen soll − sich dadurch von seinen Problemen abzulenken versucht, daß er sich in eine bibliophile Ausgabe von Gautiers *Émaux et Camées* vertieft, der poetischen Bibel der französischen und englischen Ästhetizisten (163−165; s. u. IV. 3).[38] Wenn ihn dann das erste Gedicht, das er zufällig aufschlägt, eine der Mörderhand Lacenaires gewidmete „Étude de Mains", durch sein Thema schon unmittelbar betroffen zu machen droht, wendet er

---

[36] Der *locus classicus* für diese Apologie des Unnützen als des einzig Nützlichen und diese Kritik am bürgerlichen Utilitarismus ist Gautiers Einleitung zu *Mademoiselle de Maupin* (1834/35); vgl. Strangeness and Beauty Bd. 1, S. 158−167, hier S. 161−165.

[37] Vgl. zur Wagner-Rezeption im Fin de siècle allgemein Erwin Koppen: Dekadenter Wagnerismus. Studien zur europäischen Literatur des Fin de siècle. Berlin 1973; zur englischen Situation S. 78−80, zum *Dorian Gray* S. 130 f.

[38] Die Bedeutung dieses Werks für die Literatur der 'Nineties wird zurecht in Ezra Pounds Schwanengesang auf das Fin de siècle, dem Gedichtzyklus *Hugh Selwyn Mauberley,* herausgestellt, wo es als wichtigster Zitatlieferant fungiert. Übrigens bezieht sich Pound in seinem Text ausdrücklich auf die gleiche Ausgabe wie Wilde, Charpentiers Ausgabe von 1881 mit dem Stich von Jacquemart. Zu Pound, Gautier und den 'Nineties vgl. John Espcy: Ezra Pound's ,Mauberley'. A Study in Composition. Berkeley 1955, S. 25−41.

sich schnell Gedichten zu, die ihn in immer weitere Fernen nach Venedig, Smyrna und zu den Sphinxen des Nils entführen.

Es ist jedoch ein − wenn auch weit verbreitetes − Mißverständnis des Buches, wenn man davon ausgeht, daß Wilde hier diesen ästhetizistischen Kult des Schönen und der Kunst vorbehaltlos zelebriere. Er stellt ihn vielmehr zur Schau, um sowohl dessen Attraktivität als auch dessen Grenzen und Gefahren sichtbar zu machen. In dieser Hinsicht ist *Dorian Gray* nicht nur und nicht einfach ein ästhetizistisches Werk, sondern der Roman beinhaltet gleichzeitig − wie alle bedeutenden Werke des Ästhetizismus − eine Perspektive der Selbstkritik des Ästhetizismus. Diese Perspektive ist schon in der übersteigerten Häufung der Preziosa angelegt, die kaum mehr zu parodieren ist und damit bereits nicht eines Aspekts der Selbstparodie entbehrt. So ist es bezeichnend, daß selbst Robert Hichens' Wilde-Parodie in *The Green Carnation* (1894), die explizit auf *Dorian Gray* Bezug nimmt (55) und in dem Dandy-Paar Lord Reginal Hastings und Esmé Amarinth sowohl auf Lord Alfred Douglas und Oscar Wilde, als auch auf Dorian Gray und Lord Henry Wotton anspielt, hier nicht mehr weiter parodistisch überzeichnen kann.[39] Entscheidender jedoch wird der Schönheitskult noch dadurch relativiert, daß er nicht, wie im ästhetizistischen Programm vorgesehen, in die Stasis ästhetischer Kontemplation mündet, sondern sich im Verlauf der Erzählung zu einer immer hektischer werdenden Suche nach immer neuen und immer raffinierteren künstlerischen Reizen steigert, die immer schneller verschleißen, bis schließlich die ästhetizistische Wirklichkeitsflucht und Wirklichkeitsausgrenzung in eine dekadente Sucht nach *noveaux frissons* gerade in der gemeinen Wirklichkeit umschlägt und der ästhetizistische Amoralismus damit in einen dekadenten Immoralismus umkippt, der als „doppelte[r] Verlust der ästhetischen Erlebnisfähigkeit und der ethischen Substanz" bewußt gemacht wird.[40]

(3) Die dritte Ebene der Kunstthematisierung liegt im *Dialog* der Figuren, und zwar in zweifacher Hinsicht: zum einen in dessen Form, indem vor allem Lord Henry und Dorian den Dialog nicht einfach als pragmatisches Mitteilungsmedium betrachten, sondern bewußt die Konversation als Kunst pflegen; zum andern in dessen Inhalten, indem sie immer wieder auf Kunstobjekte, Kunst und ästhetische Erfahrungen in ihrer Konversation zu sprechen kommen.

[39] Robert Hichens: The Green Carnation. London ²1949.
[40] Günter Weise: Nachwort. In: Das Bildnis des Dorian Gray. Berlin 1967, S. 297.

Was den erstgenannten Aspekt betrifft, erinnern Wildes Ästheten und Dandies — nicht nur im *Dorian Gray,* sondern auch in den Theaterstücken und in den kunsttheoretischen Dialogen — an ihren Schöpfer selbst, der ja auch gerade als Konversationskünstler brillierte und, gemäß dem durch André Gide überlieferten Aperçue, „j'ai mis mon génie dans ma vie, je n'ai mis que mon talent dans mes oeuvres"[41], seine Zeitgenossen oft mehr durch den Esprit seiner improvisierten Causerien und Bonmots bezauberte und beeindruckte als durch seine publizierten Werke. Die ästhetische Bewußtheit ihrer Konversationskunst zeigt sich schon darin, daß sie die beiden Hauptverfahren dieser Kunst, das Paradox und den Aphorismus, immer wieder in metakommunikativen Kommentaren bloßlegen (vgl. zum Paradox 18, 31, 39, 194; zum Aphorismus 46, 97, 205).[42] Die Paradoxa beziehen ihre elegante, aber auch subversive Komik immer daraus, daß sie zentrale Orthodoxa viktorianischer Moralistik in ihr Gegenteil verkehren. Zwei Beispiele müssen hier genügen: „The one charm of marriage is that it makes a life of deception absolutely necessary for both parties", und „I can believe anything, provided that it is quite incredible" (4 u. 5). Beide Male stellt Lord Henry das viktorianische Wertsystem in pointierter und überraschender Weise auf den Kopf, unterminiert er es, indem er die ethischen Werte ästhetischen unterordnet. Im ersten Paradox wird die verbindliche Norm der *sincerity,* die angeblich das viktorianische Eheleben und insgesamt den gesellschaftlichen Verkehr regelt, gegenüber Lug und Trug abgewertet, die hier freilich nicht als ethische Kategorien erscheinen, sondern — ganz im Sinne von *The Decay of Lying* — als die ästhetischen Werte virtuoser Schauspielerei und einfallsreicher Fiktionsbildung. Und im zweiten Paradox plädiert Lord Henry gegen die platten moralischen, erkenntnistheoretischen und ästhetischen Normen der Glaubhaftigkeit und Wahrscheinlichkeit — die Normen, auf denen positivistische Wissenschaft und realistische Kunst beruhen — und für die ästhetizistischen Werte des Überraschenden, Interessanten, ja Phantastischen, und er kann sich dabei in witziger Weise auf die theologische Maxime des Nikolaus von Kues, *credo quia absurdum,* als Folie für seine Formulierung beziehen. Während die Paradoxa also ihre ästhetische Form und kritische Spannung aus der Antithese zu einem ihnen

---

[41] In Karl Beckson (Hrsg.): Oscar Wilde. The Critical Heritage. London 1970, S. 241.
[42] Zum epigrammatischen Witz Lord Henrys vgl. Morton Gurewitch: Comedy. The Irrational Vision. Ithaca 1975, S. 72—77.

vorgegebenen *commonplace* beziehen, sind den Aphorismen Lord Henrys und Dorians die beiden Pole der Antithese eingeschrieben und werden in gefälligem und pointiertem Parallelismus gegeneinander ausgespielt. Um ein Beispiel dafür zu geben, das Wilde, wie so oft, in anderem Kontext wiederverwenden wird: „Nowadays people know the price of everything, and the value of nothing" (46).[43] „Price" kontrastiert mit „value", „everything" mit „nothing", wodurch auch hier wieder, in der Tendenz wie bei den Paradoxa, die viktorianische Norm — hier der kommerzielle Tauschwert — an der ästhetischen Norm des Eigenwerts gemessen und als ungenügend zurückgewiesen wird.

Die Konversation als kunstvolles Sprachspiel, in dem die Dialogpartner einander durch geistreiche Repliken oder „extraordinary improvisation" (41) zu überbieten versuchen, als ein Gesellschaftsspiel, das sie gleichzeitig mit- und gegeneinander spielen — das ist die Kunst, die Lord Henry und seine Freunde alle mehr oder weniger bravourös beherrschen und bewußt pflegen. Dahinter steht natürlich Wilde, ihr Schöpfer, der Konversationskünstler *par excellence,* und so stehen sowohl im Mittelpunkt seines Romans als auch seiner Theaterstücke immer wieder große Konversationsszenen in den Salons der Aristokraten, die zwar in sich von großer Brillanz sind, für den Handlungsfortgang jedoch oft disfunktional bleiben. Thematisch bleiben sie jedoch im *Dorian Gray* immer auf die kunsttheoretischen — und das heißt auch, die gesellschafts- und erkenntnistheoretischen — Leitfragen bezogen, denn in ihnen werden im glitzernden Spiel der Paradoxa und Bonmots die Gemeinplätze auf die Probe gestellt und alternative Denkmöglichkeiten eröffnet. Wie Mr. Erskine anerkennend über Lord Henrys paradoxe Gedankenakrobatik sagt: „the way of paradoxes is the way of truth. To test Reality we must see it on the tight-rope. When the Verities become acrobats we can judge them." (39) Damit enthüllt sich auch diese Kunst, die zunächst als reines *l'art pour l'art* erscheinen mag und sich explizit auch immer wieder auf dessen Werte bezieht, als kritisch im weitesten und einschneidendsten Sinn des Wortes.

Die Figuren sprechen jedoch nicht nur bewußt schön und kunstvoll, sie sprechen auch gerne *über* das Schöne und die Kunst — und das unabhängig davon, ob sie nun, wie Basil, ausübende Künstler oder, wie Dorian und Lord Henry, Ästheten und Kunstliebhaber sind. Ja, Lord Henrys Konversationskunst und seine ebenso wie Dorians

---

[43] In *Lady Windermere's Fan,* Akt III, definiert Lord Darlington mit diesem Aphorismus den Zyniker (CW 418).

elegante Selbststilisierung sind so kunstvoll, daß der Roman die landläufige Unterscheidung zwischen „wirklichen" Künstlern und bloßen Ästheten unterminiert. Hier wird ein Kunstbegriff anvisiert, der Kunst nicht mehr an ein bestimmtes Medium oder eine bestimmte Technik bindet, sondern zum Gesamtkunstwerk einer Lebensform ausweitet.

In diesen Kunstgesprächen findet sich der Titelheld im Spannungsfeld der Theorien seiner beiden Mentoren Lord Henry und Basil. Denn beide sind sich zwar über den hohen Rang der Kunst und die Bedeutung des Schönen für ihr Leben einig und teilen damit die Frontstellung gegenüber dem viktorianischen Philistertum, doch vertreten sie deutlich nuancierte Varianten innerhalb dieser ästhetizistischen Grundposition (s. u. IV. 3). Die Differenzierungen beginnen schon damit, daß Lord Henry bewußt zugunsten des Kunstgenusses auf eigene künstlerische Produktion verzichtet („I am too fond of reading books to care to write them"; 42), während Basil ganz seinem künstlerischen Schaffen lebt. Und die Kunst, die Lord Henry allenfalls produzieren möchte, ist abstrakt und dekorativ („I should like to write a novel certainly, a novel that would be as lovely as a Persian carpet and as unreal"; 42), von einer selbstzweckhaften Schönheit wie die der Musik („What a blessing it is that there is one art left to us that is not imitative!"; 216), während Basils Malerei durchaus „imitative" im Sinne einer Mimesis der Wirklichkeit ist. Der Unterschied zwischen den beiden ist jedoch nicht einfach der zwischen einer mimetischen und einer a-mimetischen Kunstkonzeption, denn Henry Wotton will die Kunst ja nicht nur aus ihrem darstellenden Bezug zur Wirklichkeit entbinden, sondern darüber hinaus sie aller moralischen und gesellschaftlichen Verpflichtungen entheben. Kunst ist ihm ein völlig autonomer und autotelischer Bereich, der weder von der Gesellschaft in die Pflicht genommen werden kann, noch auf diese zurückwirken soll: „Art has no influence upon action. It annihilates the desire to act. It is superbly sterile. The books that the world calls immoral are books that show the world its own shame." (218)

Basils Kult des Schönen und der Kunst dagegen kennt diese Radikalität und Absolutheit nicht. Er will vielmehr mit seiner Kunst Normen und Ideale wieder verbinden, die seit der Romantik in Spannung zueinander geraten sind, und eine „fresh school" begründen, „that is to have all the romantic spirit, all the perfection of the spirit that is Greek". Eine Synthese dieser Art fühlt sich zwar nicht nur der Wirklichkeit verpflichtet, aber doch ihr auch, und sie vermeidet die sterile Schönheit des ästhetizistischen und die leere

Transzendenz des symbolistischen Kunstwerks, indem sie die Kunst auf die Realität und die gesellschaftliche Wirklichkeit mit ihren moralischen Normen rückbezieht. Diese moralischen Normen, die er auch für seine Lebenspraxis als verbindlich erachtet und die er dem *décadent* Dorian noch einmal in Kapitel XII kritisch vorhält, sind eben jene viktorianischen Normen der Ehre, der Reinheit, der Tugendhaftigkeit und der Unbescholtenheit, die Henry Wottons Amoralismus systematisch zu unterminieren und aufzuheben versucht. Er ist damit, trotz seiner künstlerischen Begabung und seines Schönheitskults, ein „délégué de la Moralité Victorienne"[44].

Sucht man nach realen historischen Korrelaten für die fiktiven Konstrukte Basil Hallward und Lord Wotton, d. h. nach Kunsttheoretikern im England des ausgehenden 19. Jahrhunderts, deren Positionen denen der beiden Romanfiguren entsprechen, dann stößt man, geleitet schon durch Wildes eigene biographische Bezüge (s. u. II. 1), auf John Ruskin und Walter Horatio Pater. Es war Ruskin, der bei aller künstlerischen Sensibilität und Verehrung für Schönheit und Kunst doch am Primat ethischer über ästhetische Werte festhielt, während der Pater der „Conclusion" diese Rangordnung in einer ästhetizistischen Umwertung der Werte verkehrte.[45] Ohne nun den Roman als autobiographische Allegorie lesen zu wollen, sei doch darauf hingewiesen, daß auch der Bildungsweg Dorians, seine Hinwendung von Basil zu Lord Henry als seinem geistigen Mentor, dem Wildes entspricht. Als Oxford-Student (1874—78) stand er zunächst ganz unter dem Eindruck John Ruskins, Slade Professor of Art, dem er 1888 noch seine erste Märchensammlung, *The Happy Prince and other Tales,* mit einem Widmungsbrief übersandte, in dem er schrieb: „the dearest memories of my Oxford days are my walks and talks with you, and from you I learned nothing but what was good". (L 218) 1877 kam er dann jedoch in persönlichen Kontakt

---

[44] Robert Merle: Oscar Wilde. Paris 1948, S. 65. Zum kunsttheoretischen Gegensatz zwischen Basil und Lord Henry vgl. Norbert Kohl: Oscar Wilde, S. 250—256.

[45] Die kunsttheoretischen Entsprechungen zwischen Ruskin und Basil einerseits und Pater und Lord Henry andererseits wurden erstmals ausführlich dargestellt in Richard Ellmann: Overtures to ‚Salome'. In: Yearbook of Comparative and General Literature 17 (1968) S. 17—28; veränderter Nachdruck in Richard Ellmann (Hrsg.): Oscar Wilde. A Collection of Critical Essays. Englewood Cliffs / N. J. 1969, S. 73—91. Vgl. auch Christopher S. Nassaar: Into the Demon Universe. A Literary Exploration of Oscar Wilde. New Haven 1974, S. 37—73 und Kerry Powell: Oscar Wilde ‚Acting': The Medium as Message in the Picture of Dorian Gray. In: Dalhousie Review 58 (1978) S. 104—115.

mit Walter Pater, Fellow und Tutor am Brasenose College, dessen *Renaissance*-Buch er, wie er in *De Profundis* schreibt, bereits im ersten Semester gelesen hatte. In der Auseinandersetzung um das Werk Whistlers rückte dann Wilde 1879 erstmals öffentlich von Ruskin ab, indem er diesen von Ruskin verachteten Maler enthusiastisch pries[46]; und in „L'Envoi, An Introduction to *Rose Leaf and Apple Leaf*", 1882 in Amerika geschrieben, räumt er zwar dankbar ein, Ruskin „taught us at Oxford that enthusiasm for beauty which is the secret of Hellenism", um sich dann explizit von ihm zu distanzieren, „for the keystone of his aesthetic system is ethical always"[47].

Beide Gleichungen, die zwischen Basil und Ruskin und die zwischen Lord Henry und Pater, gehen freilich nur annähernd auf, zum einem schon deshalb, weil Basil seine kunsttheoretischen Vorstellungen wenig explizit macht, zum andern, weil Henry Wotton, der zwar in zahlreichen seiner Äußerungen, etwa zum Wert intensiver Erfahrungen um ihrer selbst willen, als direktes Sprachrohr Paterscher Ideen erscheint (s. o. II. 2), wesentlich vorbehaltloser in seiner Verabsolutierung des Ästhetischen ist als Pater selbst. Eine Formulierung wie „I think that it is better to be beautiful than to be good" (194) dissoziiert zum Beispiel die Werte des Schönen und Guten in einer Weise, die Pater nicht nachvollzogen hätte. Insgesamt fehlt Lord Henry „the element of *ascesis,* the real devotion to the best that the life of imagination has to give, that saves Pater from deliquescence"[48]. Dies gilt jedoch mehr für Dorian als für Henry Wotton, indem der Schüler den Ästhetizismus seines Mentors als dekadente Lebensprogrammatik mißversteht und zum Beispiel das Verhältnis von ethischen und ästhetischen Normen noch radikaler umdeutet, wenn er schließlich „evil simply as a mode" erachtet, „through which he could realize his conception of the beautiful" (147).[49]

(4) Schon in den Kunstgesprächen nimmt also der Roman teil am kunsttheoretischen Diskurs der Zeit, dessen unterschiedliche Positionen im Spannungsfeld von viktorianischer Didaxe, realistischem Wirklichkeitsbezug, ästhetizistischer Autonomie, symbolistischer Transzendenz und dekadenter Suche nach *noveaux frissons* er gegeneinander ausspielt. Diese mehr oder weniger explizite oder implizite

---

[46] Collected Works, Vol. XIV, S. 27.
[47] Collected Works, Vol. XIV, S. 31 f. Vgl. zu dieser Wendung von Ruskin zu Pater Barbara Charlesworth: Dark Passages. The Decadent Consciousness in Victorian Literature. Madison/Milwaukee 1965, S. 58 f.
[48] Graham Hough: The Last Romantics. London 1949, S. 197.
[49] Zu Paters in diesem Zusammenhang wichtigem Urteil über *Dorian Gray* s. u. III. 4.

Diskussion über die verschiedenen künstlerischen und kunsttheoretischen Tendenzen des ausgehenden neunzehnten Jahrhunderts
intensiviert sich noch auf der vierten Ebene unserer Skala metakom-
munikativer Thematisierung der Kunst, nämlich in Zusammenhang
mit jenen *Kunstwerken,* die im Roman nicht nur ein künstlerisch
verfeinertes Milieu schaffen oder den Gegenstand von Konversationen abgeben, sondern *in der Handlungsentwicklung* selbst eine ent-
scheidene Rolle spielen. Es sind dies drei Kunstwerke, und sie sind
über die verschiedenen Kunstgattungen hinweg gestreut: Basils
Gemälde, das „Picture of Dorian Gray", dessen künstlerische Vollkommenheit und magische Metamorphose die Entwicklung des
Titelhelden in allen Phasen des Romans entscheidend bestimmt; die
Schauspielkunst Sybil Vanes, die in den Kapiteln IV—IX eine
dramatische Peripetie in Dorians Leben auslöst; schließlich das
„yellow book", das Dorian in Kapitel X von Lord Henry erhält und
das ihm in Kapitel XI zum Modell dekadenter Existenz wird.[50]
Hier erreicht die „epische Integration" (Hermann Meyer) des
kunsttheoretischen Metadiskurses in der nahtlosen Einheit von
Erzählkunst und Kunstreflexion ihren Höhepunkt, und hier kristallisiert sich jenes erzähltechnische Verfahren des „Buchs im Buch",
oder, allgemeiner, des Kunstwerks im Erzählkunstwerk, das zwar
immer schon in der Erzählkunst — ebenso wie im Drama und in
anderen Kunstgattungen — eine große Rolle gespielt hat, das aber
bezeichnenderweise erst im Fin de siècle auf den Begriff gebracht
wurde. Es war André Gide, der erstmals 1893 in seinem *Journal* für
jene Einbettung eines Kunstwerks in ein anderes, durch die das
übergreifende Werk auf sich selbst reflektiert, den Begriff der *mise en
abyme* geprägt hat.[51] Streng genommen erfüllt zwar nur das „yellow
book" alle Kriterien der *mise en abyme,* denn nur für dieses ist die
Bedingung der Identität des Kunstmediums — hier der Erzählung in
der Erzählung — gegeben, doch das entscheidende funktionale
Kriterium, nämlich daß in der *internal reduplication* — so der eng-

---

[50] Vgl. dazu Gerhard Haefner: Elemente der Prosa in Oscar Wildes ‚Picture
of Dorian Gray'. In: Neusprachliche Mitteilungen 24 (1971), S. 35. — Mit
einer gewissen Berechtigung könnte man diese Trias noch durch Henry
Wottons brillante Konversationskunst ergänzen.

[51] André Gide: Journal 1889—1939. Paris 1955, S. 41. Zur *mise en abyme* als
erzählerischem Kunstmittel vgl. allgemein Lucien Dällenbach: Le Récit
spéculaire. Essai sur la mise en abyme. Paris 1977; zur *mise en abyme* im
Dorian Gray und anderen Romanen des Fin de siècle vgl. Laurence
M. Porter: Literary Structure and the Concept of Decadence. In: The
Centennial Review 22 (1978) S. 188—200.

lische Begriff dafür — Hauptmotive oder -themen des übergreifenden Werks gespiegelt werden müssen, ist für alle drei Kunstwerke erfüllt. Alle drei variieren ein einziges Motiv, das Verhältnis von Kunst und Leben, und dieses Motiv bildet die thematische Achse und Sinnmitte des ganzen Romans. Das Thema des Verhältnisses von Kunst und Leben wird dabei in den drei Dimensionen des Verhältnisses von Künstler und Werk, Kunstwerk und dargestellter Wirklichkeit und Werk und Rezipienten entwickelt.

Basil Hallward, dem Schöpfer von Dorians Portrait, wird von Anfang an sein Verhältnis zu diesem Kunstwerk zum Problem. Sein an die Präraphaeliten erinnerndes Kunstethos setzt eigentlich eine Distanz zwischen Künstler und Werk voraus, und so muß er es nicht nur als bloßen Kunstfehler, sondern als ethisches Problem sehen, daß er sich in diesem Werk zu unverstellt selbst ausdrückt.[52] „I have put too much of myself into it", deutet er bereits am Anfang des ersten Gesprächs an (2), um dann deutlicher zu werden: „The reason I will not exhibit this picture is that I am afraid that I have shown in it the secret of my own soul." (5) Und immer noch im selben Gespräch erhebt er die Distanz des Künstlers seinem Werk gegenüber bzw. die Autonomie des Werks dem Künstler gegenüber zur Norm seines künstlerischen Ethos:

> There is too much of myself in the thing, Harry — too much of myself! [. . .] An artist should create beautiful things, but should put nothing of his own life into them. We live in an age when men treat art as if it were meant to be a form of autobiography. We have lost the abstract sense of beauty. (11)

Aus der alten rhetorischen Regel des *celare artem* wird hier, wie schon im „Preface", die ästhetizistische Norm des *celare artificem*: „The artist is the creator of beautiful things. To reveal art and conceal the artist is art's aim". (XXIII; vgl. auch 115)

Basil hat im Fall seines Bildnis des Dorian Gray jedoch noch besondere, außerästhetische Gründe, auf eine strikte ontologische Trennung von Kunst und Leben, von Kunstwerk und Künstler zu insistieren. Denn dieses Kunstwerk birgt ein besonderes Geheimnis seiner Seele, ein Geheimnis, das er schon aus moralischen Gründen

---

[52] Zu Basil als präraphaelitischem Künstler vgl. Otto Flake: Versuch über Oscar Wilde. München 1946, S. 53. — Zwei neuere Aufsätze rücken, nicht ohne Verzerrungen, Basil Hallward in den Mittelpunkt ihrer *Dorian Gray*-Interpretation — Houston A. Baker Jr.: A Tragedy of the Artist: ‚The Picture of Dorian Gray'. In: Nineteenth Century Fiction 24 (1969) S. 349—355 und Robert Keefe: Artist and Model in ‚The Picture of Dorian Gray'. In: Studies in the Novel 5 (1973) S. 63—70.

nicht publik machen will – das Geheimnis seiner homoerotischen Bewunderung für die Schönheit seines Freundes und Modells. Solange er ihr nur in den mythologisch-historischen Drapierungen eines Paris, Adonis, Antinoos oder Narziß künstlerisch gehuldigt hatte, blieb die schützende Distanz der Idealität des Kunstschönen gegenüber der Realität gewahrt, blieb Dorian für ihn jene symbolistische „visible incarnation of that unseen ideal whose memory haunts us artists like an exquisite dream" (114). Diese Distanz brach jedoch zusammen mit der Wahl einer realistischen Darstellungsmethode für sein letztes Portrait Dorians, und dieses unmittelbare Einbrechen des Lebens in die Kunst macht das Gemälde zum peinlichen Bekenntnis seiner erotischen Devianz (vgl. 114 f.).

Es ist dieser Zusammenbruch der ästhetischen Distanz und der Autonomie des Kunstwerks, den der Roman anhand des Gemäldes darstellt. Sowohl für den Künstler Basil als auch für Dorian, das Modell und den Betrachter, bedeutet dieses Gemälde mehr – oder, besser, anderes – als es ein ästhetizistisches und symbolistisches Kunstwerk bedeuten soll. Für beide wird es zum Medium erotischer Beziehungen – für Basil als homoerotische Huldigung an den Freund, für Dorian als Quelle narzißtischer Selbstverliebtheit (s. o. III. 2). „The sense of his own beauty came on him like a revelation", heißt es, wenn Dorian zum ersten Mal das vollendete Portrait sieht (24), und diese Offenbarung nimmt ihm die Unschuld der Unbefangenheit. Und für beide ist das Gemälde vor allem Träger eines peinlich zu hütenden privaten Geheimnisses – für Basil, weil dem Bildnis seine Liebe zu Dorian eingezeichnet ist, und für Dorian, weil das Portrait in seinen magischen Metamorphosen zum Spiegel seines inneren und äußeren Verfalls wird. Im „Teufelspakt" des 2. Kapitels wird diese Konfusion von Kunst und Leben ja auf die logische Spitze getrieben, denn Dorian wünscht sich hier jene Autonomie und Abstraktheit und Zeitenthobenheit, die Kunstwerken vorbehalten bleiben muß. Das Motiv des magischen Portraits erscheint damit als die Variation eines Mythos, der immer wieder in der abendländischen Kunst und Literatur das Modell für den Bezug zwischen Realität und Kunst abgegeben hat. Es ist dies das Pygmalion-Motiv, wobei in dieser modernen Fassung das Lebendigwerden des Kunstwerks nicht auf einen Wunsch des Künstlers, sondern des Modells und Betrachters zurückgeht, und auch das moralische Problem, entscheidend verschärft, vom Künstler auf das Modell verlagert wird.[53] Damit steht aber schon die Möglichkeit der fatalen Wirkun-

---

[53] Der Hinweis auf das Pygmalion-Motiv, dem in den 'Nineties auch Shaw in

gen des Portraits in einem kunsttheoretischen Kontext, denn sie ist bedingt durch das Verkennen der kategorialen Trennung von Kunst und Leben, auf der Ästhetizismus und Symbolismus in gleicher Weise insistierten.

Auch die Episode um Sibyl Vane kreist um die Kunst-Leben-Problematik. Dorian will in der Schauspielerin zunächst nichts anderes sehen als die Rollen, die sie spielt, will hinter den von ihr geschaffenen, von ihr mit fiktivem Leben erfüllten Kunstfiguren die Künstlerin als Person nicht wahrhaben. Wenn der kupplerische Theaterdirektor ihm eine Begegnung mit Sibyl in ihrer Garderobe vermitteln will, lehnt er ab, denn ihr Rollen-Ich Juliet „had been dead for hundreds of years, and [...] her body was lying in a marble tomb in Verona" (52). Der Zauber, den sie auf ihn ausübt, beruht ja gerade darauf, daß sie für ihn nicht Sibyl Vane, sondern die Summe aller Rollen ist, die sie spielt (vgl. 54 u. 76). Und auch für Sibyl war zunächst ihr Rollenspiel ihr eigentliches Leben: „It was only in the theatre that I lived. [...] I knew nothing but shadows, and I thought them real." (86) Doch ihre Einstellung ändert sich schnell durch die Liebe zu Dorian, und die Absolutheit ihres Kunstethos schlägt um in Mißachtung für die Fiktionen der Kunst: „To-night, for the first time in my life, I saw through the hollowness, the sham, the silliness of the empty pageant in which I had always played. [...] You had brought me something higher, something of which all art is but a reflection." (86) Die wirklich liebende Sibyl ist nicht mehr in der Lage, die fiktive Liebe von Shakespeares Juliet mit glaubhaftem Leben zu erfüllen, und die mißglückte Shakespeare-Aufführung und Dorians Reaktion darauf dramatisieren somit die notwendige Scheidung von Kunst und Leben.

Beide, Sibyl und Dorian, verfehlen von vornherein die in der ästhetizistischen Kunsttheorie geforderte Einstellung eines „interesselosen Schönheitsgefühls" (Immanuel Kant) der Kunst gegenüber, einer Liebe für die Kunst um ihrer selbst willen. Für Sibyl vor ihrer Begegnung mit Dorian waren Shakespeares Fiktionen der Ersatz für eine nicht gelebte Wirklichkeit, wie ihre Kunstverachtung nach dem Einbruch wirklicher Liebe in ihr Leben zeigt; und Dorian begegnet den von Sibyl verkörperten Heldinnen Shakespeares nicht mit ästhetischer Distanz, sondern vermengt — wie schon seinem Portrait gegenüber — Ästhetik mit Erotik. Das Ergebnis ist, im Fall des

---

Pygmalion eine moderne Interpretation abgewinnt, findet sich schon in Samuel Lublinski: Oskar Wilde. In: Zeitschrift für französischen und englischen Unterricht 4 (1905) S. 318—323.

Portraits wie in dem der Schauspielkunst, für den Künstler jeweils fatal im wörtlichsten Sinn: Der Maler wird von seinem Modell ermordet, und die Schauspielerin stirbt an der brutalen Verstoßung durch den Bewunderer ihrer Kunst.

Dorians Reaktion auf Sibyls Selbstmord treibt, unterstützt durch Lord Henry, die Dialektik von Kunst und Leben einen Schritt weiter. Hat er vorher die Kunst auf die Ebene des Lebens heruntertransformiert, so stilisiert er nun das Leben zum Kunstwerk hoch. Er entschärft das Geschehene emotional dadurch, daß er es als Kunstwerk betrachtet und damit in ästhetische Distanz rückt (vgl. 100 u. 109). Und Lord Henry bestärkt ihn darin, indem er die moralische Problematik seines Verhaltens ganz ins Ästhetische abbiegt:

> [. . .] you must think of that lonely death in the tawdry dressing-room simply as a strange lurid fragment from some Jacobean tragedy, as a wonderful scene from Webster, or Ford, or Cyril Tourneur. The girl never really lived, and so she has never really died. [. . .] Mourn for Ophelia, if you like. Put ashes on your head because Cordelia was strangled. Cry out against Heaven because the daughter of Brabantio died. But don't waste your tears over Sibyl Vane. She was less real than they are. (103)[54]

Wilde läßt Lord Henry diese ästhetizistische Sicht des absoluten Primats der Kunst gegenüber der Wirklichkeit und die daraus abgeleitete Programmatik einer Ästhetisierung des Lebens mit persuasiver Beredtheit vortragen. Insofern ist *Dorian Gray* ein programmatisches Werk des Ästhetizismus. Da diese Sicht des Verhältnisses von Kunst und Leben jedoch durch Kontrastperspektiven wie die Basils, durch die Sympathielenkung zugunsten Sibyls und durch die Handlungsentwicklung — den moralischen Verfall Dorians, den sein Portrait als Spiegel seines Gewissens festhält — relativiert und in Frage gestellt wird, ist *Dorian Gray* jedoch gleichzeitig eine (Selbst-)Kritik des Ästhetizismus.

Auch das dritte Kunstwerk, das Dorians Persönlichkeitsentwicklung entscheidend prägt, wirft die Frage nach dem Verhältnis von Kunst und Leben auf. Es ist jenes „yellow book", das schon dem sechzehnjährigen Henry Wotton eine neue Welt erschlossen hatte (19) und das dieser dann seinem Schützling gleichzeitig mit der Zeitungsnachricht über den Abschluß des Falls Sibyl Vane zuschickt (125 ff.).

---

[54] Der Verweis auf die jakobäischen Dramatiker ist rezeptionsgeschichtlich interessant, hilft er doch dazu, das landläufige Bild zu korrigieren, nach dem T. S. Eliot erst diese für die Moderne wiederentdeckt habe. In Wirklichkeit stellten diese bereits für die Vertreter der *decadence* in England bewunderte Vorbilder dar.

Der Beschreibung nach erinnert es in seiner Struktur — „a novel without a plot" (125) — vor allem an den geplanten, aber nie realisierten Roman Lord Henrys (42). In seinem Stil — „that curious jewelled style", „metaphors as monstrous as orchids, and as subtle in colour", „complex refrains and movements elaborately repeated" (125 f.) — und seinem Sujet — „a psychological study of a certain young Parisian" (125) — erscheint es jedoch auch als Spiegel bestimmter Aspekte des Romans, in den es als Buch im Buch eingebettet ist. Dieses Buch aus der „French school of *Symbolistes*" und das dekadente Lebensprojekt seines anonymen Helden werden zum Existenzmodell für Dorian Grays zukünftiges Leben. Kapitel XI beschreibt ausführlich Dorian Grays Versuch, wie sein Romanvorbild sein Leben damit zu verbringen,

> to realize in the nineteenth century all the passions and modes of thought that belonged to every century except his own, and to sum up, as it were, in himself the various moods through which the world-spirit had ever passed, loving for their mere artificiality those renunciations that men have unwisely called virtue, as much as those natural rebellions that wise men still call sin. (125)

Das ist Leben aus dritter Hand, das ist die mehrfach potenzierte *imitatio:* Dorian ahmt einen Romanhelden nach, der selbst wieder die Bewußtseinszustände nachahmt, die in früheren Kunstwerken festgehalten sind, die sich ihrerseits nur noch in äußerst stilisierter Form auf Wirklichkeit bezogen hatten! Entsprechend abgehoben von der aktuellen gesellschaftlichen Wirklichkeit und eingesponnen in den Kokon hermetisch abgedichteter Kunstwelten vollzieht sich dann sein Leben zwischen „subtle symphonic arrangements of exotic flowers" à la Huysmans (129), dandyhafter Kostümierung, römisch-katholischen Kultobjekten (132 f. u. 139 f.), raffinierten Parfüms (133 f.), exotischen Musikinstrumenten (134 f.), Edelsteinen (135 ff.), kostbaren Geweben und Tapisserien (137 ff.), seiner Ahnengalerie (143 f.) und den historisch-mythischen Heroen der spätrömischen und der Dekadenz der italienischen Renaissance (144 ff.). Auffällig an diesem Katalog ist, daß es nicht Kunstwerke im engeren Sinn, sondern hauptsächlich Preziosa und kunsthandwerkliche *objets d'art* sind, die dieser Ästhetisierung seines Lebens im Zeichen des „yellow book" als Staffage dienen. Die geistig-sinnlichen Abenteuer, die diese Dorian vermitteln, bleiben damit, bei aller Hektik der Suche nach immer raffinierteren Reizen und bei aller Kühnheit der Aufhebung moralischer Kategorien, seltsam steril. Darin liegt schon eine kritische Distanzierung des dekadenten

Existenzmodells des „yellow book" und seiner vorbehaltlos identifikatorischen Rezeption durch Dorian. Diese Distanzierung wird ja auch durch die Darstellungstechnik des „yellow book"-Kapitels vermittelt, die in ihrer summarischen Raffung und in ihrer kataloghaften Aufzählung ganz aus dem Rahmen der übrigen Kapitel fällt und trotz ihrer dekadenten Prunkrhetorik — oder gerade auch wegen deren Hypertrophie — das Engagement des Lesers leicht ermüden läßt.[55] Zudem wertet hier ja auch der Erzähler ganz nachdrücklich und mit unverblümt moralischen Kategorien: Er apostrophiert das Buch als „poisonous book" und stellt am Ende des Kapitels lapidar fest, „Dorian Gray had been poisoned by a book" — eine Wertung, der sich Dorian in seinem letztem Gespräch mit Lord Henry anschließt (125, 146, 218).

(5) Die fünfte und letzte Ebene der Thematisierung der Kunst im *Dorian Gray* läßt sich nicht mehr an einzelnen Handlungs- oder Strukturelementen festmachen, sondern durchdringt als vielfältig variiertes Leitmotiv den ganzen Roman, ja wird erst durch den Roman als Ganzem vollends realisiert. Es ist dies die Vorstellung vom *Leben als Kunstwerk*, vom Leben als eigentlichem Kunstwerk. Dieses Motiv klingt erstmals in einem Gespräch zwischen Lord Henry und Dorian über das Verhältnis von Vita und Werk eines Künstlers an. Lord Henry argumentiert hier deutlich in Anschluß an John Keats' Theorie des künstlerischen Charakters (s. o. III. 2), seine „negative capability": „it has no self — it is everything and nothing — It has no character"[56]. Lord Henry nimmt Keats' Kritik an der landläufigen Vorstellung vom besonders interessanten und ausgeprägten Charakter des genialen Künstlers auf, wenn er in Bezug auf die bürgerlichen Einstellungen des Malers Basil Hallward feststellt: „Good artists exist simply in what they make, and consequently are perfectly uninteresting in what they are. A great poet, a really great poet, is the most unpoetical of all creatures. But inferior poets are absolutely fascinating. The worse their rhymes are, the more picturesque they look." (56) Was sich hier als witzige Verteidigung von Minderdichtern gibt, eröffnet jedoch ernst gemeinte Perspektiven auf die Möglichkeit, im Leben selbst, und nicht im davon abgetrennten Kunstwerk, die ästhetischen Normen der Originalität, Erlesen-

---

[55] Die Quellenforschung hat nachgewiesen, daß die meisten Details dieser kuriosen Gelehrsamkeit, die Wilde hier zur Schau stellt, oft bis in die Formulierung hinein aus Handbüchern des South Kensington Museum und anderen Standardwerken geplündert sind.

[56] Letters of John Keats, S. 157. Vgl. dazu auch Lewis J. Poteet: ‚Dorian Gray' and the Gothic Novel. In: Modern Fiction Studies 17 (1971) S. 244 f.

heit und komplexen Harmonie spannungsreicher Gegensätze einzulösen. Henry Wotton selbst konkretisiert diese Perspektive alsbald an der Rolle, die Sibyl Vane im Leben Dorians spielt: „[. . .] now and then a complex personality took the place and assumed the office of art, was indeed, in its way, a real work of art, Life having its elaborate masterpieces, just as poetry has, or sculpture, or painting". (57) Hier deutet sich eine Analogie an, die durch die Gesamtkomposition des Romans, die Gegenüberstellung von Basil und Lord Henry, immer wieder nahegelegt wird: Während der Künstler Basil sein Bildnis des Dorian Gray als künstlerische Mimesis in Öl auf Leinwand schafft, schafft Lord Henry Dorian Gray als lebendiges Kunstwerk, indem er ihn durch sein Vorbild und seine Lehren formt. Und im Zentrum seiner Lehre steht, daß das Leben in dem Maße Kunstcharakter bekommt, in dem „man treats life artistically" (214), in dem er sich selbst gegenüber ästhetische Distanz einnimmt.

So wie das Kunstwerk in seiner Autonomie und Autotelik jenseits von moralischen Kategorien und realen Emotionen angesiedelt ist, so bedeutet auch die Ästhetisierung der eigenen Existenz eine Enthebung von Leid und moralischer Verantwortung. Dies ist die Lehre, die Lord Henry seinem Jünger erteilt, um ihm über die Konfusion der Sibyl-Vane-Tragödie hinwegzuhelfen:

> It often happens that the real tragedies of life occur in such an inartistic manner, that they hurt us by their crude violence, their absolute incoherence, their absurd want of meaning, their entire lack of style. [. . .] Sometimes, however, a tragedy that possesses artistic elements of beauty crosses our lives. If these elements of beauty are real, the whole thing simply appeals to our sense of dramatic effect. Suddenly we find that we are no longer the actors, but the spectators of the play. Or rather we are both. We watch ourselves, and the mere wonder of the spectacle enthralls us. (100 f.)

Die Ästhetisierung der eigenen Existenz zum Kunstwerk bedeutet also gleichzeitig eine emotionale Distanzierung und eine verfeinerte Intensivierung der Emotionen, da diese nicht mehr einfach ausgelebt, sondern bewußt genossen und zelebriert werden.

Lord Henry ist hierin Dorian einen Schritt voraus: Während Dorian sein eigenes Leben zum Kunstwerk zu stilisieren versucht — „And, certainly, to him Life itself was the first, the greatest of the arts, and for it all the other arts seemed to be but a preparation." (129) — und dabei doch immer wieder in die Distanzlosigkeit emotionalen Betroffenseins zurückfällt, bedient sich der kontemplative Theoretiker seines Schülers als Medium der ästhetischen Selbstobjektivierung und Distanzierung. Indem er diesen nach seinem Bild zu formen sucht, kann er in ihm sich vikarisch ausleben, so wie ein Künstler in seinem Werk — jenseits von unmittelbarer Betroffenheit und moralischer Verantwortlichkeit, in ästhetischer Distanz und mit dem experimentellen Spielraum des Fiktiven. Wenn er ihm schließlich im letzten Gespräch dazu gratuliert, sein Leben zum Kunstwerk verwandelt zu haben, ist das daher nicht ohne Ironie: „I am so glad you have never done anything, never carved a statue, or painted a picture, or produced anything outside of yourself! Life has been your art. You have set yourself to music. Your days are your sonnets." (217) Denn nicht Dorian selbst ist eigentlich der Schöpfer seiner selbst als Kunstwerk, sondern sein Mentor Henry Wotton, dem er der Ersatz für den nie geschriebenen Roman ist — Ersatz hier freilich nicht im Sinn eines minderwertigen Surrogats, sondern einer künstlerischen Realisierung auf höherer Ebene!

Der letztendliche Schöpfer aller dieser Figuren, die Kunstwerke schaffen oder ihr Leben zum Kunstwerk stilisieren wollen, ist jedoch Oscar Wilde selbst, und das Kunstwerk, das alle die thematisierten Kunstwerke überwölbt, ist der Roman *The Picture of Dorian Gray*. Das eigentliche Bildnis des Dorian Gray ist weder Basils Gemälde noch die durch Henry Wotton geprägte Selbststilisierung Dorians, sondern Oscar Wildes Roman. Diese Perspektive erschloß sich schon dem subtilen symbolistischen Kunstverstand Stéphane Mallarmés, der in einer bewundernden Notiz Bildnis und Buch ineins setzte: „Ce portrait en pied, inquiétant, d'un Dorian Gray, hantera, mais écrit, étant devenu livre lui-même"[57]. Und auch auf dieser übergreifenden Ebene wiederholt sich jene Spannung von Kunst und Leben, die, wie wir gezeigt haben, die in den Erzähltext integrierte metakommunikative Reflexion über das Ästhetische bestimmt hat. Dabei geht es uns zunächst nicht darum, daß der Roman als Kunstwerk in geradezu prophetischer, an Basils Portrait von Dorian erinnernder Weise die Tragödie von Wildes Leben vorwegnimmt, und auch nicht darum, daß Wilde selbst in seinen Briefen die Kunstfiguren des Romans allegorisch auf sein Leben bezogen hat (s. u. III. 5). Dies sind werkexterne Bezüge, denen wir an anderer Stelle nachgehen werden. Entscheidend im vorliegenden Zusammenhang ist vielmehr, daß auch dem Roman selbst die Spannung von ästhetizistischem Kunstethos und lebenspraktischer Moral eingeschrieben ist. Wir haben schon auf die verschiedenen Techniken hingewiesen, mit denen immer wieder die ästhetizistische Verabsolutierung der Kunst

---

[57] Zitiert nach The Letters of Oscar Wilde, S. 298. Vgl. dazu auch Epifanio San Juan, Jr.: The Art of Oscar Wilde. Princeton 1967, S. 49 f.

moralisch relativiert wird, aber auch die Großstruktur des Werkes —
die Einbettung radikal ästhetizistischer Kunstreflexion in den
Kontext einer pointiert moralischen *cautionary tale* — entfaltet dieses
Spannungsfeld. Gerade in diesem Bruch und Widerspruch, oder, ins
Positive gewendet, in dieser Selbstunterminierung des Ästhetizis-
mus, liegt der historische Repräsentanzwert des Romans.

4. Gefährdete Identität

Der Kult der Kunst ist ebenso wie der Kult des Ich eine Abwehrreaktion: Versucht der eine, gegen die steigende Flut des Häßlichen und
Vulgären, wie sie die bürgerlich-kapitalistische Produktionsweise
hervortreibt, die Dämme einer selbstzweckhaften Schönheit zu
errichten, so will der andere gegenüber demokratischer Gleichmacherei, gesellschaftlicher *hypocrisy* und einer durch die Arbeits-
teilung bedingten Zersplitterung bzw. Reduktion des Ich die Integrität und Intensität individueller Erfahrung retten. Der Kult der Kunst
steht dabei im Dienst des Ich-Kults, wird zu dessen entscheidendem
Medium, denn allein durch die Kunst und in der Kunst — ob im
Schöpfungsakt des Künstlers, im Kunstgenuß des Ästheten oder in
der Ästhetisierung der Lebenspraxis — sei personale Selbstverwirklichung und personale Selbsterfahrung noch möglich. Und beide
Kulte erweisen sich als *counter-productive* oder stehen zumindest
ständig in der Gefahr, in ihr Gegenteil umzukippen. Davon handelt
unter anderem *The Picture of Dorian Gray*, indem die Suche nach
Schönheit in der Erfahrung des Häßlichen als dem einzig Wirklichen endet — „Ugliness was the one reality". (186) — und der Kult
der Individualität in deren Auflösung und Zerstörung.
Das beeindruckende Schauspiel einer heroisch und virtuos zelebrier-
ten Inszenierung des Ich vollzieht sich im ausgehenden neunzehnten Jahrhundert vor einem sozial- und geistesgeschichtlichen
Hintergrund, der das Ich als fortschreitend „unrettbarer" erscheinen
läßt.[58] Die Industrielle Revolution hatte, wie John Ruskin schon um
die Jahrhundertmitte in dem einflußreichen Kapitel „The Nature of

---

[58] Das Diktum vom „Unrettbaren Ich" stammt aus Ernst Machs *Beiträgen zur
Analyse der Empfindungen* (1886); vgl. dazu Jens Malte Fischer: Fin de
siècle, S. 71.

the Gothic" aus *The Stones of Venice* (1851—53) schrieb, mit ihrer „great civilized invention of the division of labour" nicht eigentlich die Arbeit geteilt, sondern den Arbeiter selbst fragmentarisiert, „divided into mere segments of men — broken into small fragments and crumbs of life" (s. u. IV.1).[59] Andererseits hatten die rigorosen Moralvorstellungen der viktorianischen *middle class,* obwohl sie auf christlichen Vorstellungen der Würde und Einheit der Person beruhten, diese Einheit in die dualistischen Gegensätze von Seele und Körper, von sittlichem Wollen und sinnlichem Instinkt, von Gut und Böse auseinandergebrochen und damit dem gesellschaftlichen Rollenspiel der *hypocrisy,* der Diskrepanz von Schein und Sein Vorschub geleistet.[60] Und schließlich sah sich die aristokratische Führungsschicht in ihrem elitären Selbstverständnis und in ihren Privilegien, die sie eigentlich dazu instand setzen sollten, paradigmatisch die harmonische und ganzheitliche Entfaltung des Individuums vorzuleben, durch die zunehmende Demokratisierung des politischen Systems und durch sozialistische Bestrebungen in Frage gestellt und Legitimationszwängen ausgesetzt.

Das Ich, das Selbst, die Personalität, das Individuum — sie blieben zwar Schlagwörter eines beschwörenden und beschwichtigenden Diskurses, in der gesellschaftlichen Realität waren sie jedoch auf dem Rückzug. Dazu kommt noch, daß auch die zeitgenössische philosophische und psychologische Reflexion diese Kategorien radikal problematisierte. Die transzendental-philosophische Argumentation von F. H. Bradleys *Appearance and Reality,* 1893 und damit fast gleichzeitig mit *Dorian Gray* erschienen, kommt so z. B. zum Schluß, daß sich keine Konzeption des Selbst finden lasse, die diesem Wesenheit, d. h. Kontinuität und Stabilität, zuordnen könne und daß somit das Selbst zwar existiere, aber nicht als „reality", sondern allein als „appearance", und daß jedes Leben sich als „a series of selves" darstelle.[61] Und auch die Psychologie, die sich in unserem Zeitraum erst als Wissenschaft zu etablieren versucht, worauf Lord Henry im *Dorian Gray* ausdrücklich verweist („He began to wonder whether we could ever make psychology so absolute a science that each little spring of life would be revealed to us"; 58), neigt als experimentelle Psychologie dazu, das Ich in ein Kon-

---

[59] Zitiert nach Eric Warner / Graham Hough (Hrsg.): Strangeness and Beauty, Bd. 1, S. 57.
[60] Vgl. dazu das Kapitel „Hypocrisy" in: Walter E. Houghton: The Victorian Frame of Mind. New Haven 1957, S. 394—430.
[61] Vgl. vor allem die Kapitel IX („The Meaning of Self") und X („The Reality of Self") in Appearance and Reality. London [17]1978, S. 64—104.

glomerat von Sinneseindrücken, Dispositionen und Emotionen aufzulösen, während sie als mehr spekulative Psychoanalyse das klare Ich-Bewußtsein durch den Hinweis auf die Bedeutung des Un- und Vorbewußten unterminiert.[62]

Auf diese Krise der Identität und des Ich-Bewußtseins reagieren breite und wichtige Tendenzen der Kunst und Literatur der Zeit, indem sie gegenüber diesem „Loss of the Self"[63] die Einheit des Individuums auf einer komplexeren Reflexionsstufe wiederzugewinnen trachten oder aber die „Dissociation of Personality"[64] in differenzierter Weise und mit neuen, subtilen Darstellungstechniken analysieren. In beiden Fällen führt dies zu einer Wendung nach Innen, zu einer Verschiebung des Schwerpunkts von der gesellschaftlichen zur psychologischen Dimension des Menschen und damit zu einer verstärkten Thematisierung der problematisch gewordenen Struktur des Ich.[65]

Auch Wildes Werk trägt, sowohl in seinen kritischen Essays als auch und vor allem im *Dorian Gray,* zu diesem Diskurs über das Wesen des Ich bei und steht in jenem Spannungsfeld konkurrierender Konzeptionen, das Jacob Korg in einem wegweisenden Aufsatz folgendermaßen auf den Begriff gebracht hat:

> There has been the assumption that it [the structure of the self; MP] is single, or that it possesses some essence or unifying principle; that it is double, having the form of a cleavage or a dialectic; and that it is multiple, a view that ends [. . .] in an ultimate denial of the self.[66]

Wilde selbst plädierte durchgehend — von seinen frühen Programmen der Ästhetisierung des Ich bis hin zum gesellschaftskritischen

---

[62] Vgl. dazu die knappen Hinweise bei Norbert Kohl: Oscar Wilde, S. 256 und das Kapitel „Ich — Seele — Nerven — Stimmung" in: Jens Malte Fischer: Fin de siècle, S. 71–78.

[63] Vgl. dazu Wylie Sypher: Loss of the Self in Modern Literature and Art. Westport/Conn. ²1979.

[64] Vgl. die psychologische Studie von Morton Prince: Dissociation of a Personality. London 1905.

[65] Für das Wien des Fin de siècle ist dieser Prozeß in seiner gesellschaftlich-politischen Bedingtheit mustergültig beschrieben bei Carl E. Schorske: Politics and the Psyche. In: Fin-de-siècle Vienna. Politics and Culture. New York 1980, S. 3–23. Vgl. auch Morse Peckham: Beyond the Tragic Vision. The Quest for Identity in the Nineteenth Century. New York 1962 und John Halperin: Egoism and Self-Discovery in the Victorian Novel. New York 1974.

[66] Jacob Korg: The Rage of Caliban. In: The University of Toronto Quarterly 37 (1967) S. 75–89, hier S. 76.

Entwurf von *The Soul of Man Under Socialism* (1895) und zur apologetischen Selbstdarstellung von *De Profundis* (1897), wo er es als die wahre Nachfolge Christi betrachtet, wenn ein Individuum danach strebt, „perfectly and absolutely himself" zu sein (L 476) — für die Integrität und Würde des Selbst, des Individuums. Auch dort, wo er eine Vervielfältigung des Ich konstatiert, sieht er diese zunächst als Intensivierung der Persönlichkeit: „Of course Culture has intensified the personality of man. Art has made us myriad-minded." (L 480) Und selbst die Widersprüche und Brüche innerhalb des Ich sind ihm vor allem Ausdruck der Einheit des Individuums, die eine neue psychologische Erzählkunst darzustellen hat:

> Action takes place in the sunlight but the soul works in the dark. [...] thought seems to proceed not on logical lines, but on lines of passion. The unity of the individual is being expressed through its inconsistencies and its contradictions. In a strange twilight man is seeking for himself [...].[67]

In seinen fiktionalen Texten bleibt freilich diese „idealistische" Position nicht ungebrochen, sondern wird vielmehr durch rivalisierende Perspektiven durchkreuzt und in Frage gestellt. Dies gilt in besonderer Weise für *Dorian Gray*. Die Spannung zwischen verschiedenen Konzeptionen zeigt sich schon darin, daß sich der Roman ganz unterschiedlicher Terminologien zur Benennung und Beschreibung des psychischen Bereiches bedient. Auf der einen Seite finden wir immer wieder den traditionellen Begriff der *soul* mit seinen christlichen Konnotationen der unveräußerlichen Individualität und transzendentalen Bindung und mit seinem humanistischen Nachdruck auf der Würde und moralischen Verantwortlichkeit des Individuums. „Seele" heißt hier das einmalige, unverwechselbare und unbedingte Signum jedes Individuums und ist der Garant seiner Einheit und Konsistenz. Dem stehen jedoch Begriffe gegenüber, die diesen Idealismus einer transzendentalen Autonomie und Integrität von Seele und Selbst unterminieren, und gerade sie sind es, die im Verlaufe des Romans immer mehr an Bedeutung gewinnen. Es sind dies die neurophysiologischen Begriffe der *nerves* und der *brain cells*, und hinter ihnen steht die materialistische Konzeption vom menschlichen Bewußtsein, wie sie die moderne Medizin und Experimentalpsychologie entwickelt hat. Hier ist das Ich keine metaphysisch fundierte feste Größe mehr, sondern stellt sich als eine komplexe und variable Mechanik physiologischer Prozesse dar. Sprachrohr dieser Konzeption ist vor allem Lord Henry, der sie z. B.

---

[67] Oscar Wilde: Reviews. London 1908, S. 482 f.

dem frommen Wunsch Dorians entgegenhält, seine Seele durch eine Umkehr retten zu wollen: „[. . .] don't deceive yourself. Life is not governed by will or intention. Life is a question of nerves, and fibres, and slowly built-up cells in which thought hides itself and passion has its dreams." (216 f.) Aber auch der Erzähler verwendet gelegentlich diese neurophysiologische Terminologie bei seinen Beschreibungen der Bewußtseinsprozesse Dorians: „From cell to cell of his brain crept the one thought; and the wild desire to live, most terrible of all man's appetites, quickened into force each trembling nerve and fibre." (186) Dorian selbst bekommt sie auch durch sein Studium der „materialistic doctrines of the *Darwinismus* movement in Germany" vermittelt und erfährt dabei „a curious pleasure in tracing the thoughts and passions of men to some pearly cell in the brain, or some white nerve in the body, delighting in the conception of the absolute dependence of the spirit on certain physical conditions, morbid or healthy, normal or diseased". (133)

Zwischen diesen beiden so konträren Positionen versucht der Roman immer wieder zu vermitteln, und das Sprachrohr dieser Vermittlung ist wieder vor allem Lord Henry. Er kann dabei auf Konzepte und Formulierungen zurückgreifen, wie sie innerhalb der ästhetizistischen und symbolistischen Theorie etwa von Baudelaire und Gautier in Frankreich und von Pater und Swinburne in England entwickelt worden waren (s. IV. 3). Hier wird zwar am Begriff der Seele als Essenz des Ich festgehalten, doch erscheint diese nun als eine ungleich komplexere, subtilere, aber auch labilere Größe als sie das in der christlich-humanistischen Tradition war; und hier bleibt sie zwar Medium der Transzendenz, doch einer Transzendenz, die an die Sinne gebunden ist und nicht mehr als Gegensatz zu diesen gesehen wird. Damit wird die Frage nach dem Zusammenhang von Seele und Sinnen zu einem Leitmotiv des ganzen Romans. Schon im ersten Gespräch zwischen Lord Henry und Dorian wird es nachdrücklich eingeführt, wenn Lord Henry dem jungen Dorian zweimal empfiehlt, „to cure the soul by means of the senses, and the senses by means of the soul" (20), und in ebenso eindringlicher Doppelung ruft sich Dorian gegen Ende seines Weges diese Maxime in Erinnerung (184 f.). Es ist ja gerade dieser Gedanke der wechselseitigen Bedingtheit von Seele und Sinnen, der hinter Lord Henrys Programm einer ständigen Suche nach immer neuen und immer differenzierteren und komplexeren *sensations* steht, und es ist auch diese neue, aus vorgegebenen metaphysischen Zusammenhängen herausgelöste Konzeption der Seele, die den Amoralismus dieser Suche legitimieren soll (s. o. III. 2).

Lord Henrys und Dorians Gedanken kreisen immer wieder um diese neue Psychologie der *sensations* und der mit ihnen korrespondierenden *emotions* und *moods,* und ihre Projekte und Handlungen verstehen sich immer wieder als Probe aufs Exempel dieser Physiologie der Seele. Insofern sind sie selbst beide Psychologen — freilich, wie es sich für Dandies gehört, Dilettanten der Psychologie —, und sie bedienen sich auch immer wieder dieses Begriffs, um ihr Interesse an sich selbst und den anderen zu beschreiben (z. B. 19, 36, 56 f., 58 f., 133, 190, 205). Denn, wie Lord Henry meint: „One's own soul, and the passions of one's friends — those were the fascinating things in life." (13) Dieser Psychologismus gefährdet in sich schon das Bewußtsein vom eigenen Ich als einer kohärenten und stabilen Einheit, da die Introspektion diese Einheit ja notwendigerweise in die Dualität von beobachtendem und beobachtetem Ich auflöst und die Reflexion darüber in einem *regressus ad infinitum* immer neu potenziert werden kann. Aber auch das experimentelle Sich-Einlassen auf die Denkformen und Bewußtseinszustände von andern läßt die eigene Identität problematisch werden, da ein solches Experimentieren mit sich selbst, auch wenn es im Dienst der Selbstverwirklichung steht, im eigenen Ich ständig neue Möglichkeiten und Anlagen entdeckt, die das Bewußtsein der Identität des Ich untergraben. Dabei entdecken die Figuren auch immer wieder die Kluft zwischen bewußten und unbewußten Motiven (59), zwischen eingestandenem Wollen und verdrängten Wünschen (18), zwischen der gesellschaftlichen Oberfläche des Ich und den *secrets* und *mysteries* der Seele (z. B. 5, 55, 121 f.), und dies läßt die Einheit des Ich ebenso als eine Chimäre erscheinen, wie das die Entdeckung tut, daß dieses Ich ein heterogenes Konglomerat unterschiedlichster Erbanlagen ist. Dorian faßt dies im zentralen Kapitel XI zusammen:

> He used to wonder at the shallow psychology of those who conceive the Ego in man as a thing simple, permanent, reliable, and of one essence. To him, man was a being with myriad lives and myriad sensations, a complex multiform creature that bore within itself strange legacies of thought and passion, and whose very flesh was tainted with the monstrous maladies of the dead. (143)

Noch entscheidender für die Fragmentarisierung des Ich und seiner Welterfahrung ist jedoch die Philosophie und Ästhetik des Augenblicks, die Lord Henry in Anschluß an Pater lehrt und der sich sein Schüler Dorian bereitwillig hingibt (s. o. III. 1). In dieser Sicht ist die Seele weder ewig sich gleichbleibend noch eine sich in der Zeit kontinuierlich entfaltende Einheit, sondern wird in jedem Moment neu von den *sensations* bestimmt, die sie sucht oder von denen sie bedrängt wird. Damit löst sich die Kontinuität des Ich vollends in eine Serie von Seelenzuständen auf, eine Folge von *états d'âme,* wie die französischen Symbolisten sagten, oder von Stimmungen und *moods,* wie dies Wilde und andere Schriftsteller des englischen Fin de siècle übersetzten (s. u. IV. 3). Der Begriff der *mood,* der auf diese Flüchtigkeit und Labilität der Ich-Erfahrung hinweist, wird damit vor allem für die zweite Hälfte des Romans zu einem Schlüsselwort (z. B. 125, 127, 133, 167, 186, 194, 207, 210, 220).[68] Hier löst sich mit der Verbürgtheit des Ich gleichzeitig auch die Verbürgtheit der Wirklichkeit auf, denn Wirklichkeit und Wahrheit, sowohl die innere der Ich-Erfahrung als auch die äußere der Welterfahrung, werden in doppelter, potenzierter Weise relativ: Nicht nur sind sie immer subjektiv, die eines erfahrenden Subjekts, sie sind auch nicht mehr kontinuierlich und konstant, sondern nur für den jeweiligen Moment der Erfahrung geltend, also punktuell und momentan. Oscar Wildes Gilbert aus *The Critic as Artist* formuliert dies mit parodistischem Bezug auf Bacons Essay „Of Truth" so: „For what is Truth? In matters of religion it is simply the opinion that has survived. In matters of science it is the ultimate sensation. In matters of art, it is one's last mood." (CW 1047)

Die Tatsache, daß sich damit das Ich geradezu verflüchtigt, daß einem dabei das eigene Selbst und die Welt in flüchtigen Stimmungen entgleitet oder in kristallklare, aber disparate Fragmente zerstiebt, scheint den beiden Protagonisten jedoch zunächst kein Verlust, sondern ein Gewinn, wird der Verlust an Kontinuität doch durch die Intensität der Augenblickserfahrung wettgemacht und der Verlust der Einheit des Ich durch die sich damit eröffnende Chance, das Selbst als eine Pluralität von Seinsmöglichkeiten zu inszenieren. So wird gerade der Verlust des Ich zur Voraussetzung für den Kult des Ich, und so gerät das Projekt der Selbstverwirklichung zum Projekt der Multiplikation des Selbst.

Diese Duplikation und Multiplikation des Selbst nimmt die verschiedensten Formen an und ist, neben dem Thema des Verhältnisses von Kunst und Leben (s. o. III. 3), das zweite Hauptmotiv des Romans. Die beiden Motivkomplexe sind eng miteinander verschränkt, da ja die Kunst und auch die Ästhetisierung des Lebens für Lord Henry und Dorian vor allem die Funktion haben, ihr Ich in immer neue Rollen aufzuspalten. Die Fiktionen der Kunst, aber

---

[68] Zum Konzept der *moods* vgl. Lothar Hönnighausen: Präraphaeliten und Fin de Siècle. München 1971, S. 135—140.

auch kostbare und exotische *objets d'art* der unterschiedlichsten Epochen und Kulturen und mythisierte Figuren der Geschichte bieten ihnen immer neue Projektionsräume zum Ausspielen neuer Selbststilisierungen an, wie dies Dorian in Kapitel XI unter dem Eindruck des „yellow book" in einem exemplarischen Experiment vorlebt. Vor allem der Schauspieler jedoch wird immer wieder zum Modell dieser Multiplikation der Rollen, worauf schon das „Preface" hinweist (xxxiii), und findet in der Gestalt Sibyl Vanes seinen Fokus, die von Dorian nur solange geliebt wird, wie sie kein eigenes Ich hat, sondern nur in der Vielzahl ihrer Impersonationen für ihn existiert (s. o. III. 3). Der Schauspieler ist ja auch das Modell für die Selbstinszenierung des Dandy und des *décadent*, seines Ausspielens von immer neuen Posen und seiner Aufspaltung in Akteur und Beobachter. Der Fiktionalität der Rolle des Schauspielers entspricht dabei die *insincerity* (s. o. III. 2) des dekadenten Dandy, jenes Prinzip, mit dem er das Scheinhafte seiner Existenz und seine Rollenvielfalt legitimiert. In diesem Sinn ließ Wilde schon Gilbert in *The Critic as Artist* provozierend behaupten, „What people call insincerity is simply a method by which we can multiply our personalities" (CW 1048), und Dorian wiederholt fast wörtlich: „Is insincerity such a terrible thing? I think not. It is merely a method by which we can multiply our personalities." (142 f.)

Über solche ästhetisch vermittelte Formen der Multiplikation oder Auflösung des Ich hinausgehend praktizieren Lord Henry und Dorian jedoch auch konkretere und direktere. Für Lord Henry ist das vor allem der Einfluß, den er auf andere ausübt (s. o. III. 2). Wenn er auch eingangs betont, jeder Einfluß sei schlecht und immoralisch, „because to influence a person is to give him one's own soul" (17), so eröffnet doch diese Formulierung selbst bereits eine Perspektive, die eine solche Beeinflussung für den Beeinflusser durchaus attraktiv erscheinen läßt, bietet sie ihm doch die Möglichkeit, im Medium einer anderen Person die eigene Identität gespiegelt und prismatisch gebrochen zu sehen und damit über diesen Stellvertreter ein Doppelleben zu führen. Diese „Seelentransfusion" wird ihn den ganzen Roman hindurch beschäftigen, und auch Dorian selbst wird es lernen, sie zu genießen: „he had been an evil influence to others, and had experienced a terrible joy in being so" (219).

Wichtiger als dieses psycho-mediale Doppelgängertum wird für Dorian allerdings das wirkliche Doppelleben, das es ihm erlaubt, gegen die moralischen Normen der Gesellschaft zu verstoßen ohne gesellschaftlichen Sanktionen anheimzufallen. Worin seine Transgressionen bestehen, wird zwar bewußt im Vagen belassen, daß dazu aber auch Drogen als ein weiteres Mittel der Persönlichkeitsauflösung gehören, ist deutlich.[69] Wie ein Schauspieler bedient sich Dorian dabei angenommener Namen und wechselnder „curious disguises" (128, 160, 184, 219), und die Kostümierung und das Rollenspiel gehorchen nicht nur gesellschaftlichem Zwang, sondern erhöhen noch den Reiz der Transgression und tragen zu dem „terrible pleasure of a double life" bei (175).

Die zentrale Chiffre des Romans für dieses Doppelleben, für die Aufspaltung des Ich in seine öffentliche oder gesellschaftliche Erscheinung und seine verborgenen oder verdrängten Geheimnisse, ist das magische Bildnis Dorians, das, dem Blick der Öffentlichkeit, ja sogar der Freunde entzogen, die Spur seiner Transgression und seines Alterns registriert, während er selbst achtzehn Jahre lang sich der Gesellschaft in zeitenthobener Schönheit und unverwandelter Reinheit darstellen kann. In diesem übernatürlichen Motiv des magischen Portraits wechselt der Roman zur phantastischen *romance* über, hebt er den Bezug auf die aktuelle gesellschaftliche Wirklichkeit auf die Ebene des Märchens, der *gothic tale,* des Mythos und der Archetypen. Dies bedingt immer eine Abstrahierung, Verallgemeinerung und Vereinfachung, und so wird auch hier die Auflösung der Identität in einer Multiplikation des Ich zum dualen Modell der Persönlichkeitsspaltung reduziert. Gleichzeitig ist dieses Modell in seiner direkten Beziehbarkeit auf den Zusammenhang zwischen moralischen Normen und scheinheiligem Doppelleben von unmittelbarer und breiterer gesellschaftlicher Relevanz als die subtile psychologische Problematik der Dispersion des Ich, mit der sich bewußt nur die avancierten Kreise der *décadents* konfrontiert sahen. Insofern ist der scharfsinnigen Kritik Hermann Bahrs an diesem Darstellungsmotiv zwar in ihrer Analyse, jedoch nicht in ihrer Wertung zuzustimmen:

> Hier spielt etwas herein, nach dessen Ausdruck auch E. T. A. Hoffmann in den Elixieren des Teufels, Poe im William Watson, Oscar Wilde im Dorian Gray greifen, aber vorbei; das Doppelgängermotiv ist eine Vergröberung. Am ehesten wäre, was wir alle dunkel empfinden, vielleicht durch Musik irgendwie mitzuteilen, nämlich daß wir fast unser ganzes Leben damit verbringen, niemals wir selbst zu sein.[70]

---

[69] Abwegig ist aber doch wohl die Ansicht von Hans Mayer, „daß der Skandal um Dorian Gray mehr mit Drogen zu tun hat als mit homosexuellen Kopulationen"; vgl. H. M.: Außenseiter. Frankfurt 1975, S. 261.

[70] Hermann Bahr: Liebe der Lebenden. Tagebücher 1921/23. Bd. 2. Hildesheim 1925, S. 69.

Schon Walter Pater hatte in seiner Rezension des *Dorian Gray* 1891 das Titelmotiv des magischen Portraits auf die Motivtradition des „Döppelgänger" [sic] bezogen und auf die „real subtlety of art, the ease and fluidity" hingewiesen, mit der dieses märchen- und romanzenhaft übernatürliche Motiv in die „elaborately conventional, sophisticated, disabused world Mr. Wilde depicts so cleverly, so mercilessly", eingebettet und mit dieser verschmolzen wird.[71] Seitdem ist die Frage nach Wildes Quellen für dieses Motiv nicht verstummt, ja der Versuch ihrer Beantwortung macht einen Gutteil der *Dorian Gray*-Forschung aus. Wir wollen hier jedoch diese Fragestellung nicht vertiefen, zumal sie meist von der falschen Voraussetzung ausgeht, der notorische Plagiator Wilde müsse auch dieses Motiv irgendwo gestohlen haben, und sie sich damit interpretatorisch recht unfruchtbar erwiesen hat.[72] Die Tatsache jedoch, daß das Doppelgängermotiv der Spaltung und Verdoppelung der Persönlichkeit in den verschiedensten Varianten — vom Zwilling über den Schatten und das Spiegelbild bis hin zum Abbild, das mit der abgebildeten Person in sympathetischer Magie verbunden ist — ein in Mythos und Brauchtum weit verbreitetes Symbol für die „Perils of the Soul" (James George Frazer) ist, verdient jedoch festgehalten zu werden.[73] Und sie verdient vor allem deshalb festgehalten zu werden, weil sie zur Erklärung der besonderen Wirkung des *Dorian Gray*, des einzigen literarischen Werks aus dem englischen Ästhetizismus und Dekadentismus, das weltliterarische Geltung erlangt hat, beitragen kann, indem sie dessen Potential, eine Art mythischer Resonanz auszulösen, verdeutlicht.

Festgehalten zu werden verdient auch, daß das Motiv des Doppelgängers und verwandte Motive sympathetisch-magischer Bilder und Objekte in der europäischen Kunst und Literatur von der Romantik bis zum Fin de siècle eine außerordentliche Bedeutung gewinnen. Um nur einige der bekanntesten Beispiele zu nennen: Zusätzlich zu den schon von Bahr erwähnten *Elixieren des Teufels* von E. T. A.

---

[71] Zitiert nach Karl Beckson (Hrsg.): Oscar Wilde. The Critical Heritage. London 1970, S. 83—86, hier S. 85 f.

[72] Vgl. dazu den in der Substanz zutreffenden, im Ton oft jedoch allzu beckmesserischen Forschungsbericht von Wolfgang Maier: Oscar Wilde. ‚The Picture of Dorian Gray'. Eine kritische Analyse der anglistischen Forschung von 1962 bis 1982. Frankfurt 1984, S. 205—318.

[73] Diese anthropologische Erkenntnis Frazers stammt aus den frühen 'Nineties, ist also mit *Dorian Gray* annähernd zeitgleich; vgl. vor allem das Kapitel „The Soul as a Shadow and a Reflection" aus dem Teil „Taboo and the Perils of the Soul" in James George Frazer: The Golden Bough. Abridged Edition. London 1957, S. 235—255, hier S. 250—255.

Hoffmann (1815/16) und der Kurzgeschichte *William Wilson* (1839) von E. A. Poe ist noch auf Jean Pauls *Siebenkäs* (1796/97), Dostojevskijs *Der Doppelgänger* (1846), Guy de Maupassants *Le Horla* (1887), auf Gogols *Die Nase* (1836), in der ein einzelner Körperteil abgespalten ein Sonderleben führt, auf Wildes unmittelbaren Vorgänger, R. L. Stevensons *The Strange Case of Dr. Jekyll and Mr. Hyde* (1886) und auf Wildes eigenes Märchen *The Fisherman and his Soul* (1891) hinzuweisen.[74] Und für sympathetisch-magische Objekte seien als Beispiel Balzacs *La Peau de Chagrin* (1831) und die geheimnisvollen Portraits in Charles M. Maturins *Melmoth the Wanderer* (1820), Disraelis *Vivian Grey* (1826), Poes *The Oval Portrait* (1842) und Nathaniel Hawthornes *Edward Randolphs Portrait* (1842) angeführt.

Wir verweisen auf diese Texte nicht als Quellen des *Dorian Gray,* sondern allenfalls als *analogues,* und der Hinweis auf so zahlreiche Texte, die Wildes Roman zumindest in Teilaspekten entsprechen, soll und kann auch nicht seine Originalität in Frage stellen, denn differenzierte Vergleiche zwischen ihm und seinen potientiellen Vorbildern erweisen gerade Wildes Erfindungsgabe. Die konkrete Ausformung des Bildmotivs und seine Verknüpfung mit der Thematik des Doppelgängers bleiben Wildes originärer Einfall, ebenso wie die Einbettung dieses übernatürlichen Motivs in den Gesamtzusammenhang, seine beziehungsreiche Verknüpfung mit allen zentralen Themen des Romans — Kunst/Leben, Ästhetik/Ethik, Individuum/ Gesellschaft, Narzißmus und Homosexualität, Kult des Ich und Identitätsverlust — und seine vielschichtige Charakterisierungsfunktion Wildes schöpferisches Kunstvermögen beweisen.

---

[74] Die beste literarische Studie zu den Traditionszusammenhängen, in denen Wilde hier steht, ist Jacob Korg: The Rage of Caliban. Die beste psychoanalytische Studie zu diesem Komplex ist immer noch Otto Rank: Der Doppelgänger. In: Imago 3, 2 (1914) S. 97—164; auch in: Jens Malte Fischer (Hrsg.): Psychoanalytische Literaturinterpretation. Tübingen 1980, S. 104—188. Beiden Ansätzen sind wir im Folgenden verpflichtet. — Interpretatorisch weniger ergiebig, aber als Materialsammlungen anregend sind dagegen Ralph Tymms: Doubles in Literary Psychology. Cambridge 1949; Masao Miyoshi: The Divided Self: A Perspective on the Literature of the Victorians. London 1969; Robert Rogers: A Psychoanalytic Study of the Double in Literature. Detroit 1970; Elspeth MacGregor Buitenhuis: Fractions of a Man: Doubles in Victorian Literature. Diss. McGill University 1971; Carl Francis Keppler: The Literature of the Second Self. Tucson/Ariz. 1972; Elisabeth Frenzel: Motive der Weltliteratur. Ein Lexikon dichtungsgeschichtlicher Längsschnitte. Stuttgart ²1980, S. 94 ff.; Theodore Ziolkowsky: Disenchanted Images: A Literary Iconology. Princeton 1977; Gero v. Wilpert: Der verlorene Schatten. Stuttgart 1978.

Diese intertextuellen Zusammenhänge sind jedoch, unabhängig davon, ob sich Wilde ihrer im einzelnen bewußt war, insofern bedeutsam, als sie *Dorian Gray* in der Geschichte der Identität, ihrer Gefährdung und Krise und der Reflexion darüber, plazieren. Sie zeigen, wie stark die gesellschaftlichen Kräfte waren, die seit dem ausgehenden 18. Jahrhundert das humanistische Ideal der Einheit der Person bedrohten, und wie tief die Angst vor dem Auseinanderbrechen dieser Einheit in die Dualismen von Seele und Körper, Tugendwollen und sündhaften Trieben, Bewußtem und Unbewußtem (schon geraume Weile vor Freud geläufige Konzepte!) oder öffentlicher Maske und innerem Sein saß und wie weit sie verbreitet war. Der Mensch in der Spannung von Houyhnhnms und Yahoos, bei Swift noch ein satirisch überzeichneter Mythos, wird seit der Romantik zum existentiellen Problem und im Bild des Doppelgängers dramatisiert, der dem Ich gegenüber, selbst wenn es ihn bewußt gewollt oder gewünscht hat, eine das Ich am Ende zerstörende Eigendynamik annimmt. Gerade dadurch wollen jedoch die Doppelgänger-Geschichten des neunzehnten Jahrhunderts demonstrieren, „that dualism is an illusion, and that the personality is, in a radical sense, a unit, though it may have a binary structure"[75]. Auch im *Dorian Gray* ist das so, auch hier bekräftigen am Ende die Verwandlung Dorian Grays zu dem, was er geworden ist, das Überspringen der Spuren seines Verfalls vom Bild auf ihn selbst, die Wiederherstellung des Bilds und sein Tod die essentielle Einheit der Person. Und doch: unwiderlegt bleibt dabei, wofür das Doppelgängermotiv hier ja auch die archetypisch vereinfachende Chiffre ist — die weitergehende Auflösung der Identität in einer Pluralität von Rollen, Bewußtseinsebenen und Erfahrungsmöglichkeiten. Hierin liegt jedoch gerade die Modernität des *Dorian Gray,* das, was im Vergleich zu ihm Stevensons *Dr. Jekyll and Mr. Hyde* als mittelalterliches Moralitätendrama erscheinen läßt. „In this way", schreibt Jakob Korg, der dies schärfer als irgendein Kritiker vor ihm gesehen hat, „the novel goes beyond the romantic issue of whether the soul is single or double to anticipate the twentieth-century theme of multiplicity, and to add a new and significant dimension to the literature of personal identity."[76] Und auch dies trägt zu einer Erklärung bei, warum *Dorian Gray,* trotz aller Züge eines *period piece* der 'Nineties, auch heute noch nicht nur von Literaturhistorikern gelesen wird.

---

[75] Jacob Korg: The Rage of Caliban, S. 82.
[76] Jacob Korg: The Rage of Caliban, S. 76.

Auch das Portrait selbst bleibt ja nicht ein bloßes Versatzstück aus der Requisitenkammer der *gothic novel*[77], sondern wird psychologisch sehr differenziert eingesetzt. Wir haben bereits in III. 2 gezeigt, wie das Bild, indem es Dorian erstmals seine Schönheit bewußt macht (24 f.), zum Ausdruck seiner narzißtischen Selbstverliebtheit wird und damit auch von deren Kehrseite, die im Verlaufe des Romans immer deutlicher wird, seiner Unfähigkeit zu lieben bzw. seiner homoerotischen Suche nach einem Ebenbild. Dem und der damit eng verbundenen intensiven Furcht vor dem Altern und dem Tod entspringt der Wunsch nach ewiger Jugend und Schönheit, der dem „Teufelspakt" unseres Fin de siècle-Faustdramas zugrundeliegt. Es ist das ein in jeder Hinsicht säkularisierter, in seinen metaphysischen Dimensionen heruntertransponierter *Faust:* Hier gibt es keinen Mephisto als dämonischen Vertragspartner, keinen Blutkontrakt und auch keinen Seelenhandel, und hier ist der Augenblick, der verweilen soll, bereits eingetreten. Und dennoch wiegen die Anspielungen auf den Faust-Mythos schwer und verstärken sich im Ablauf des Romans: Lord Henry als Dorians Mentor des Neuen Hedonismus und als Cicerone durch die künstlichen Paradiese der Dekadenz wird für ihn den Mephisto im Dandy-Kostüm spielen; die Sibyl Vane-Episode gerät zur Gretchentragödie; die „curiosity about life which [. . .] seemed to increase with gratification" (128) nimmt in dieser ins Grenzenlose zielenden Dynamik faustische Ausmaße an; die Zeugen seiner Ausschweifungen werden vom Verkauf seiner Seele an den Teufel munkeln (189 u. 192 f.) und Dorian selbst wird kurz vor seinem Ende Lord Henry mitteilen: „The soul is a terrible reality. It can be bought, and sold, and bartered away." (215)[78] Damit wird das Bild, das anfangs nur Spiegel der ästhetisch sublimierten homoerotischen Bewunderung Basils für sein Modell und Objekt der narzißtischen Fixation Dorians war, zum Träger oder Spiegel seiner Seele. Die ersten Veränderungen, die er nach der Verstoßung Sibyls an ihm wahrnimmt (89 ff.), machen ihm bewußt, daß es auf geheimnisvolle Weise seinen Seelenzustand spiegelt und das „visible

---

[77] Als kaum mehr sieht es Lewis J. Poteet: ‚Dorian Gray' and the Gothic Novel. In: Modern Fiction Studies 17 (1971) S. 239–248.

[78] Vgl. zu diesen *Faust*-Anspielungen und -Parallelen Ted R. Spivey: Damnation and Salvation in ‚The Picture of Dorian Gray'. In: Boston University Studies in English 4 (1960) S. 162–170; Dominik Rossi: Parallels in Wilde's ‚The Picture of Dorian Gray' and Goethe's ‚Faust'. In: College Language Association Journal 13 (1969) S. 188–191; Hans-Peter Gerhardt. Oscar Wildes ‚Dorian Gray' als Faustdichtung. In: Faust-Blätter 25 (1973) S. 669–675.

emblem of conscience" (91 f.) darstellt. Als solches will er es sich zunächst ständig als „visible symbol of the degradation of sin" vor Augen halten und als mahnenden Führer durch sein Leben betrachten (95). Diese moralische Besinnung bleibt jedoch eine vorübergehende Anwandlung und wird auch später nur in knappen Phasen wiederkehren.

Überleitung zu einer neuen Einstellung dem Portrait gegenüber sind schon die „wissenschaftlichen" Erklärungsversuche, mit denen er die Bildmagie hinwegrationalisieren will: Mit einem „feeling of almost scientific interest" (95) stellt er faszinierte Spekulationen über „some curious scientific reason" an (106), der die Affinität zwischen Seele und toter Materie erhellen könnte. Damit wird das Bild aber schon hineingenommen in die Gesamtheit von Dorians Projekten und Experimenten zum Zusammenhang von Seele und Sinnen, wird seine mahnende Funktion als Seelen- und Gewissensspiegel verdrängt und zurückgedrängt, wird es zum Faszinosum eines *noveau frisson*. Der Vergleich zwischen dem Spiegelbild seiner äußeren, strahlenden Erscheinung und dem im Bild gespiegelten inneren Verfall bereitet ihm einen dekadenten Genuß und läßt ihm so das Bild erneut zum narzißtischen Fetisch werden:

> The very sharpness of the contrast used to quicken his sense of pleasure. He grew more and more enamoured of his own beauty, more and more interested in the corruption of his own soul. He would examine with minute care, and sometimes with a monstrous and terrible delight, the hideous lines [. . .], wondering sometimes which were the more horrible, the signs of sin or the signs of age. (128; vgl. auch 222 f.)

Zudem bietet das Bild dadurch, daß es auf magische Weise das einzig sichtbare Zeichen von Dorians „corruption" darstellt, die Chance, die „secrets" seiner Seele und seines Lebens (94, 121) geheimzuhalten. Als „Geheimnisträger" fungierte es schon für Basil, denn dem Bild war ja seine schwärmerische Liebe zu Dorian eingezeichnet. Beide wollen das Bild und damit ihr Geheimnis vor der Öffentlichkeit verbergen: Basil, indem er sich zunächst weigert, es auszustellen; Dorian, indem er es versteckt. So versteckt, ermöglicht es ihm das Bild, seine transgressiven Neigungen auszuleben, ohne sich dafür gesellschaftlich verantworten zu müssen. Hier, in dieser Aufspaltung von öffentlichem und privatem Sein und in diesem Geheimnis, das vor der Öffentlichkeit verborgen bleiben soll, greifen wir ein Zentralmotiv im Gesamtwerk Wildes (s. o. II. 2). Was hier im Medium der *romance* vorgeführt wird, werden dann die *society plays* der frühen neunziger Jahre gesellschaftlich stärker konkretisieren und wird schließlich im farcenhaften „Bunburying" von *The Importance of Being Earnest* (1895) noch einmal mit sprühendem Witz durchgespielt werden, bis dann schließlich Wildes eigenes Geheimnis, sein eigenes Doppelleben, ins Licht der Öffentlichkeit gezerrt werden wird.[79]

Der Zwang, das Portrait, das Dorian als sein Gewissen und als Spiegel seiner Seele zwar anerkennt, aber nicht beachten will, zu verbergen, verleiht diesem eine zusätzliche Macht über ihn. Es erscheint ihm geradezu als Widerpart, dessen verdrängte Existenz sich ihm immer wieder aufdrängt: Die bloße Erinnerung daran wirft den Schatten der „melancholy across his passions" und verdirbt ihm „many moments of joy" (223). Ja, das Bild scheint sogar eine eigene Aktivität zu entfalten, fühlt sich doch Dorian von ihm angestiftet, Basil zu ermorden — „as though it had been suggested to him by the image on the canvas, whispered into his ear by those grinning lips" (158). Damit wandelt sich der Fetisch seiner Selbstliebe, das Emblem seiner Seele, die Verkörperung seines Gewissens und das Alibi seiner Transgression ein letztes Mal in seiner Funktion für ihn und wird zum Objekt seines Hasses. Indem er es so von sich abspaltet, kann es dann auch die Rolle eines *scapegoat* für ihn spielen, den er für seinen Persönlichkeitszerfall verantwortlich macht: „Basil had painted the portrait that had marred his life. [...] It was the portrait that had done everything." (221) Darum versucht er es schließlich als sein sich immer wieder aufdrängendes, verdrängtes Gewissen und als verhaßten Sündenbock zu zerstören, um dabei aber selbst der internalisierten Nemesis zum Opfer zu fallen, die ihn gerade in dem Moment ereilt, wo er sich vor allen äußeren Sanktionen sicher wissen darf.

Diese so unterschiedlichen, ja disparaten Reaktionen und Einstellungen dem Bild gegenüber lösen einander nicht einfach ab, sondern überlagern sich und sind somit ein weiteres Indiz der graduellen Auflösung einer ganzheitlichen Personalität. Das Bild, in sich bereits Chiffre des gespaltenen Ich, wird zusätzlich zum Anlaß weiterer Zersplitterung der Identität. So endet der Kult der eigenen Schönheit in äußerer und innerer „corruption" (119, 122, 128, 157, 172, 210, 219), der Kult des Ich im Überdruß am eigenen Ich („My personality has become a burden to me"; 205) und die Suche nach einer neuen, reicheren und komplexeren Einheit des Ich in dessen Zerstörung.

---

[79] Auf diesen Zusammenhang verweist auch eine Briefäußerung Wildes, *The Importance of Being Earnest* sei „within speaking distance of Dorian Gray" (L 778).

Insofern konnte *Dorian Gray* mit Recht als die Negation eines der bestimmenden Romanmodelle des neunzehnten Jahrhunderts bezeichnet werden — des Entwicklungs- bzw. Bildungsromans.[80] *Dorian Gray* weist zwar nicht die für den Entwicklungsroman übliche Zeiterstreckung von der frühesten Kindheit bis zur Reife des Erwachsenseins auf, teilt jedoch mit ihm die Frage nach der Ausbildung und Entfaltung des Individuums, wobei hier, wie oft im Bildungsroman, dem sich entwickelnden Individuum eine oder mehrere lenkende und leitende Lehrerfiguren zugeordnet werden. Wo der Roman von dieser Folie jedoch entscheidend abweicht, ist, daß der Weg Dorians eine ganz andere Richtung nimmt. Nach Wilhelm Dilthey wird im Bildungsroman eine „gesetzmäßige Entwicklung" des Individuums dargestellt, bei der „jede ihrer Stufen [. . .] einen Eigenwert hat" und „zugleich Grundlage einer höheren Stufe" ist. „Die Dissonanzen und Konflikte des Lebens erscheinen als die notwendigen Durchgangspunkte des Individuums auf seiner Bahn zur Reife und zur Harmonie."[81] Und das Telos dieser Entwicklung ist nicht nur diese Selbstfindung des Individuums an sich, sondern auch dessen gesellschaftliche Integration bzw. Standortfindung. Von all dem kann im *Dorian Gray*, wie wir gesehen haben, keine Rede sein, ja es wird in Dorians Lebensbahn nachdrücklich, wenn auch implizit negiert.[82] Der Roman endet nicht mit einem reifen und harmonisch ausgebildeten Dorian, sondern mit dessen psychischer und physi-

---

[80] Ulrich Broich: Der ‚negative Bildungsroman' der neunziger Jahre. In: Manfred Pfister / Bernd Schulte-Middelich (Hrsg.): Die 'Nineties, S. 197—226. Zur Tradition des Bildungsromans in England vgl. Hans Wagner: Der englische Bildungsroman bis in die Zeit des Ersten Weltkriegs. Bern 1951; Jan B. Gordon: ‚Parody as Initiation': The Sad Education of ‚Dorian Gray'. In: Criticism 9 (1967), S. 355—371; G. B. Tennyson: The ‚Bildungsroman' in Nineteenth-Century English Literature. In: R. P. Armato / J. M. Spalek (Hrsg.): Medieval Epic to the ‚Epic Theatre' of Brecht. Essays in Comparative Literature. Los Angeles 1968, S. 135—146; Charles Altieri: Organic and Humanistic Models in Some English Bildungsroman. In: Journal of General Education 23 (1971) S. 220—240; J. H. Buckley: Season of Youth: The Bildungsroman from Dickens to Golding. Cambridge, Mass. 1974.

[81] Wilhelm Dilthey: Das Erlebnis und die Dichtung: Lessing — Goethe — Novalis — Hölderlin. Göttingen ¹²1921, S. 249 f.; vgl. dazu auch Ulrich Broich, S. 199 f.

[82] Denn, wie Paul Goetsch pointiert feststellte: „Das Thema der Charakterintegration wird zur Frage nach der Identität umgebogen. Der Romanvorgang beschreibt nicht die Suche nach der Einheit des Ichs mit sich selbst, sondern dessen Aufspaltung." Paul Goetsch: Die Romankonzeption in England. 1880—1910. Heidelberg 1967, S. 202.

scher Selbstzerstörung, und anstelle der Integration in die Gesellschaft finden wir eine so radikale Entfremdung von ihr, daß Dorian — wie der letzte Satz des Romans betont — selbst von seinem Hauspersonal nur noch mit Mühe erkannt wird.

Negiert diese äußerst pessimistische Lösung nicht das ganze ästhetizistische Lebens- und Kunstprojekt, das im Roman selbst so beredt und attraktiv herausgestellt wurde? Untergräbt es nicht auch völlig alle Prämissen, die dem „Preface" zugrundeliegen? Diese Fragen drängen sich auf und wurden von Wilde-Interpreten auch immer wieder im Sinn einer letztendlichen Affirmation viktorianisch-moralischer Werte oder zumindest einer den Normen des Publikums Zugeständnisse machenden Zurücknahme des dekadenten Immoralismus bejaht. Eine der jüngsten Interpretationen des Romans sieht in diesem Schluß zum Beispiel den Ausdruck einer Spannung zwischen zwei nicht vermittelbaren Normen, den ästhetischen und den ethischen, und, gerade weil diese als nicht vermittelbare dargestellt werden, als Ausdruck der „Selbstaufhebung" des Ästhetizismus und der „Alternativlosigkeit"[83]. Und schon Walter Pater, der mit *Marius the Epicurean* 1885 selbst den Versuch eines Bildungsromans vorgelegt hatte, in dem er diese beiden Wertkomplexe harmonisieren wollte, sah in der mangelnden Vermittlung der ästhetischen mit den ethischen Werten den entscheidenden Mangel *Dorian Grays* als Entwurf geglückter Menschlichkeit und ein Mißverständnis des hedonistischen bzw. epikuräischen Prinzips:

> A true Epicureanism aims at a complete though harmonious development of man's entire organism. To lose the moral sense therefore, for instance, the sense of sin and righteousness, as Mr. Wilde's heroes are bent on doing so speedily, as completely as they can, is to lose, or lower, organisation, to become less complex, to pass from a higher to a lower degree of development.[84]

In dieser Sicht muß der Roman von vornherein scheitern, weil er von falschen Prämissen ausgeht, und das Scheitern Dorians ratifiziert dies nur.

Ich denke, man muß hier differenzieren, und solche Differenzierungen sind auch in der Kritik seit Albert J. Farmers Studie über den Ästhetizismus und die Dekadenz in England wiederholt erwogen worden.[85] Ausgangspunkt einer solchen differenzierteren Interpreta-

---

[83] Ulrich Broich, S. 216 f. u. 222 f.

[84] Zitiert nach Karl Beckson (Hrsg.). Oscar Wilde. The Critical Heritage. London 1970, S. 84.

[85] Albert J. Farmer: Le Mouvement esthétique et ‚décadent' en Angleterre

tion ist die Tatsache, daß Lord Henry nicht nur Dorians Ende erspart bleibt, sondern daß er auch nicht jenen Prozeß der „corruption" durchläuft, dem Dorian schließlich zum Opfer fällt. Und Lord Henry ist in seiner Rolle als Mentor des Bildungsromans das Zentrum der Normenkonstitution, und die Normen, für die er steht, werden in dem Maß bestätigt, in dem er am Scheitern nicht teilhat. Wenn *Dorian Gray* also zum „negativen Bildungsroman" gerät, dann nicht, weil Lord Henrys ästhetizistisches Existenzprojekt in der Sicht Wildes notwendigerweise zum Scheitern führen würde, sondern weil Dorian dieses in entscheidenden Punkten verfehlt. So gelingt es Dorian nicht, jene kontemplative ästhetische Distanz zu sich selbst und zum Leben durchzuhalten, die eine zentrale Voraussetzung des Neuen Hedonismus darstellt. Wo Lord Henry die Distanz des Beobachters lehrt, verstrickt sich Dorian unmittelbar und emotional; und wo jener die Passivität theoretischer Reflexion vorlebt, lebt Dorian seine Impulse aktiv aus. Daher verkommt auch der A-moralismus Lord Henrys nie zum Immoralismus, während Dorian in der „vulgarity of crime" (213) versinkt. Der Mentor bleibt, seiner eigenen Lehre entsprechend, „jenseits von Gut und Böse", und daher gibt es für ihn keinen Zwiespalt von Ästhetik und Ethik, während sich sein Schüler im neu aufbrechenden Zwiespalt von schrankenlosem Sich-Ausleben und sozialen Normen verfängt.

Freilich, das Verhältnis von Lord Henry und Dorian ist nicht einfach das Verhältnis von Mentor und Schüler des Bildungsromans, sondern es ist auch das Verhältnis von Experimentator und Versuchsobjekt, das es Lord Henry erlaubt, „vikarisch" und risikolos extreme Erfahrungen und Bewußtseinslagen zu erproben. Insofern ist Dorian doch das Opfer Lord Henrys, aber nicht einfach deshalb, weil er dessen Philosophie in die Praxis umsetzen würde, denn das tut er gerade nicht, sondern weil er sich fremdbestimmen läßt. Dorians Ende ist also nicht ein Verdikt über den Ästhetizismus insgesamt, sondern eine Warnung davor, wie leicht eine solche Position zur selbstzerstörerischen Dekadenz verkommen kann. Damit problematisiert der Roman zwar die ihm zugrundeliegenden Normen des Ästhetizismus als Normen, die nicht, wie die des klassischen Bildungsromans, gesamtgesellschaftlich generalisierbar sind, sondern nur von wenigen erlesenen Geistern gelebt werden

---

(1873–1900). Paris 1931, S. 170–208, hier S. 192 f.; vgl. auch Edouard Roditi: Oscar Wilde. Dichter und Dandy. München 1947, S. 105. Die Kritik an dieser Interpretation bei Norbert Kohl: Oscar Wilde, S. 250 vermag nicht zu überzeugen.

können, und er stellt sie insofern als prekäre selbstkritisch in Frage —
von einer „Selbstaufhebung" des Ästhetizismus kann deswegen aber
keine Rede sein und noch weniger selbstverständlich von einer
letztendlichen Affirmation viktorianischer Moral.

5. Geschichte — Erzähler — Autor

The Picture of Dorian Gray handelt nicht nur vom Ästhetizismus,
sondern ist selbst ein ästhetizistisches Werk. Damit kommt seiner
formalen Gestaltung eine entscheidende Bedeutung zu, denn wenn
es ein Grundprinzip des Ästhetizismus gibt, so heißt dieses, daß der
Schönheit und Vollkommenheit der Form, der Erlesenheit des Stils
und der souveränen Beherrschung der Kunstmittel gegenüber dem
Inhalt, der Aussage, der Moral eines Werkes der absolute Vorrang
gebühren (s. u. IV. 3). Dies betont ja auch das „Preface", in dem es
heißt: „There is no such thing as a moral or an immoral book. Books
are well written, or badly written", und „the morality of art consists
in the perfect use of an imperfect medium" (xxiii). Umso mehr muß es
erstaunen, daß sich die zahlreichen Interpretationen zum *Dorian
Gray* kaum je auf eine genauere Analyse und Würdigung seiner
Form, seiner Komposition und Erzähltechnik und der Qualität
seiner Prosa einlassen.[86] Dahinter steht einerseits die Faszinations-
kraft der Handlung und ihrer komplexen Wertimplikationen, die die
Aufmerksamkeit des Lesers immer wieder vom Erzähldiskurs auf die
erzählte Geschichte ablenkt, und andererseits das verbreitete Vorurteil, bei dem Scharlatan und Poseur des Ästhetizismus Oscar
Wilde lohne sich hier genaueres Hinsehen nicht bzw. könne dieses
nur selbstgefällige Effekthascherei, forcierten Feinsinn und peinliche
Plagiate, also mangelnde künstlerische Seriosität und mangelnden
Kunstverstand, zutage fördern. Wir teilen dieses Vorurteil nicht und
können uns also unbefangen der „Machart" des Romans zuwenden,
der Art und Weise, wie er seine Geschichte erzählt und damit auch
perspektiviert und bewertet. Daß es Wilde dabei nicht an planendem

---

[86] Ausnahmen bilden z. B. die freilich skizzenhaft bleibenden Hinweise bei
Graham Hough: The Last Romantics. London 1949, S. 199 f. und Gerhard
Haefner: Elemente der Prosa Oscar Wildes in ‚The Picture of Dorian
Gray'. In: Neusprachliche Mitteilungen 24 (1971) S. 31—38.

Kunstverstand und Sorgfalt im Detail mangelte bzw. mangeln ließ, haben schon unsere Hinweise zur Komposition des Romans (II. 3) und unsere Interpretation der beziehungsreichen Verschränkung der verschiedenen Motive und zahlreicher oft weit auseinanderliegenden Textpassagen hinlänglich plausibel gemacht.

Entscheidend für die Struktur des narrativen Diskurses ist die Wahl der *Erzählsituation* und *Erzählperspektive*. Und hierin schon erweist sich Wilde durchaus auf der Höhe seiner Zeit: Konsequenter als die meisten seiner Zeitgenossen verzichtet er auf den „Überbau" eines auktorialen Erzählers, der mit seinen Regieanmerkungen und Kommentaren den Leser oft allzu aufdringlich gängelt. Mit Ausnahme ganz weniger Passagen, in denen Wilde in die viktorianischen Konventionen auktorialen Erzählens zurückfällt — etwa beim Vorgriff auf Basil Hallwards rätselhaftes Verschwinden (1) oder bei den in der Wir-Form gehaltenen Reflexionen über den Zustand zwischen Schlafen und Wachen (131) und in der Definition von „insincerity", die der Erzähler sogar mit einem „I" einführt (142)[87] —, bleibt der Erzähler im Hintergrund und ist nicht mehr als eigenständige Figur zu greifen. Damit nimmt Wilde in der Geschichte der Umstrukturierung des Romans vom auktorialen zum personalen Erzählen, als welche man in vergröbernder Vereinfachung die Entwicklung vom viktorianischen zum modernen Roman beschreiben könnte, eine signifikante Position ein. Und dieses Zurücknehmen des Erzählers ist kein selbstzweckhaftes formales Experiment, sondern funktional auf die Werkintention bezogen: Innerhalb einer Kunstkonzeption, in der, wie es im „Preface" heißt, „[to] conceal the artist is art's aim" (xxiii), könnte ein auktorialer Erzähler, der ja oft als Repräsentant des Autors im Text wirkt, nur ein unliebsames Relikt sein und würden seine Kommentare in ihrer Eindeutigkeit die intendierte symbolistische Sinnsuggestion unterlaufen. Indem der Erzähler so in den Hintergrund tritt, räumt er die Szene für die unmittelbare Selbstdarstellung der Figuren im geselligen Gespräch oder in ihren Reflexionen.

Dementsprechend dominieren den Roman zwei Bauformen: die szenische Darstellung von Dialogen und Konversationen und die in personaler Erzählung vermittelte Wiedergabe von Bewußtseinsinhalten und -prozessen, beide oft eingebettet in breit und luxuriös angelegte Beschreibungen des Ambiente, die jeweils auf die Stim-

---

[87] Die auktoriale Verbindlichkeit dieser Definition erweist sich auch dadurch, daß Wilde sein Sprachrohr Gilbert in *The Critic as Artist* wörtlich dieselbe Definition geben läßt (CW 1048).

mungslage der sprechenden, agierenden oder reflektierenden Figuren bezogen bleiben (s. o. III. 1). Nur das zentrale Kapitel XI, das einen Zeitraum von fast zwei Dekaden in raffendem Bericht überbrückt, fällt aus diesem Rahmen, und hier treten auch die sonst gemiedenen Formen auktorialen Kommentars häufiger auf. Dieser Bruch in der Darstellungstechnik ist jedoch funktional, da er die Zweigliedrigkeit der Zeitstruktur und die Symmetrie der Komposition betont und das Kapitel als die programmatische Verdichtung und Verdeutlichung des dekadenten Existenzprojekts heraushebt (s. o. II. 3).

Mit wenigen Ausnahmen ist dabei der Titelheld Dorian immer *on stage*, und selbst in den Kapiteln, in denen er nicht auftritt oder an zentralen Szenen nicht unmittelbar beteiligt ist — Kap. I (Dialog zwischen Henry und Basil), Kap. III (Henry bei seinem Onkel Lord Fermor), Kap. V (Sibyl Vane im Kreis ihrer Familie) —, ist er das zentrale Thema der Gespräche. Und wenn er auch, zumal in der Anfangsphase, nicht immer der dominante Gesprächspartner ist, sondern diese Rolle oft von Lord Henry eingenommen wird, dominiert doch Dorians Einstellung diesen Gesprächen gegenüber. Er erweist sich damit als die zentrale Reflektorfigur des Romans, deren Perspektive über weite Strecken hin das personale Erzählen bestimmt.

Diese wird besonders deutlich hinsichtlich der *„erlebten Rede"*, jenes für die personale Erzählsituation charakteristischen Kunstmittels der lebhaft vergegenwärtigenden Wiedergabe von Gedanken und Denkprozessen, das im Verlaufe des neunzehnten Jahrhunderts in dem Maße an Bedeutung gewinnt, in dem der Roman sich zum psychologischen Roman verinnerlicht, und dessen zunehmende Bedeutung im Spätviktorianismus zur Bewußtseinsdarstellung des *stream of consciousness* in der Moderne (James Joyce, Virginia Woolf u. a.) hinführt. In der häufigen Verwendung dieser *free indirect speech* erweist sich Wilde wiederum als formal progressiv, und er setzt sie auch höchst effektiv ein. Schon die Verteilung der erlebten Rede auf die verschiedenen Figuren trägt wesentlich zur Fokussierung der Geschichte bei: Während Sibyl und Basil nur punktuell (65 bzw. 155 f.) und die Randfiguren nie zum Subjekt erlebter Rede werden, wird die zentrale Bedeutung von Henry und Dorian schon dadurch herausgestellt, daß der Roman ihre Reflexionen immer wieder in dieser eindringlichen Darstellungstechnik dem Leser nahebringt. Dabei dominiert die erlebte Rede Dorians die Henrys nicht nur quantitativ, sondern auch strukturell, indem mit Ausnahme des „Teufelspakts" in Kapitel II, der sich in einer lebhaften Dialogsituation vollzieht, alle entscheidenden Wendepunkte seiner Entwicklung im intensiven inneren Selbstgespräch der erlebten Rede psychisch reflektiert werden – so der Bruch mit Sibyl und die erste Veränderung des Bildes (90–92 u. 94–96), die Nachricht von Sibyls Selbstmord (104–106), das Verstecken des Portraits (118 f.), die Ermordung Basils (159 f.), die Fahrt zu den Opiumhöhlen (184 f.), die Verfolgung durch Sibyls Bruder (200) und die Bewußtseinskrise, die zum Angriff auf das Bild bzw. zum Selbstmord führt (219–223).

Die Dominanz einer personalen Erzählsituation mit Dorian als zentraler Reflektorfigur, seine fast ständige Präsenz in der szenischen Darstellung und seine häufigen inneren Monologe – dies alles trägt dazu bei, daß der Leser das Geschehen vor allem aus seiner Perspektive sieht, ohne daß er sich dieser freilich ganz ausliefern müßte. Gleichzeitig rückt dadurch aber das Geschehen selbst, so sensationell es auch sein mag, aus dem Mittelpunkt der Darstellung, den nun der Innenraum von Dorians Bewußtsein einnimmt. Wilde orientiert sich damit an seiner eigenen Forderung in *The Critic as Artist*, daß in der Richtung der Psychologisierung der Literatur, die Browning und Meredith eingeschlagen haben, „still much to be done in the sphere of introspection" sei (CW 1055), und zeigt damit wichtige Ansätze in Richtung auf den modernen Bewußtseinsroman, wenn er freilich, was die umfassende Darstellung der Bewußtseinsschichten, den Assoziationsreichtum und die Differenziertheit der Analyse betrifft, noch weit hinter diesem zurückbleibt. Diese Verlagerung des Fokus dient vor allem aber auch der *Sympathielenkung*, der affektiven Engagierung des Lesers für die zentrale Figur Dorians. In dem Maße, in dem der Leser in diesen hineinversetzt wird und seine psychische Entwicklung in intimer Innenschau nachvollziehen kann, wird er ihm sein Mitgefühl selbst dann nicht entziehen, wenn er seine Ideen und Handlungen moralisch verwerfen muß.

Wilde liegt insgesamt an der affektiven Bindung des Lesers an seine Geschichte, und dies unterscheidet ihn wesentlich von der Kunstkonzeption des Symbolismus, der er sonst in vielen Aspekten verpflichtet bleibt: Wo das symbolistische Kunstwerk sich hermetisch dem Rezipienten verschließt, kommt Wilde ihm entgegen und versucht ihn mit den verschiedensten Mitteln emotional zu engagieren. So bedient er sich auch all jener Techniken der *Spannungsweckung*, wie sie in der Dramaturgie des *well-made play* der Zeit entfaltet wurden. Dazu gehört etwa eine ausgefeilte Technik der Vorbereitung und Vorausdeutung, die den Leser auf den Fortgang der Handlung gespannt macht und ihn zur Hypothesenbildung über deren weiteren Verlauf anregt. Schon der Vorgriff auf das mysteriöse

Verschwinden Basils auf der ersten Seite hat diese Funktion, und dies setzt sich fort in der „curious sensation of terror", die dieser bei seiner ersten Begegnung mit Dorian empfindet (6), in Dorians Schwur, sich zu töten, sobald er sein Altern nahen fühlt, und seiner Furcht, das Bild werde seiner dereinst spotten (26), in James Vanes Rachedrohungen (69 u. 71) usw. Mit Recht hat daher Wilde in *De Profundis* auf die „note of Doom that like a purple thread runs through the gold cloth of *Dorian Gray*" verwiesen. (L 475) Zu diesen Mitteln der Spannungsweckung gehören auch die geheimnisvollen oder bedrohlich-unheilsschwangeren *Objekte,* hier vor allem das magische Bild und das „palette knife", mit dem Basil das fatale Bild zu zerstören droht (27), und das Messer, mit dem Dorian zunächst den Maler (158) und schließlich sich selbst erdolcht (223).

Dieses „gestische Leitmotiv", das hier an ein Requisit gebunden ist, lenkt unsere Aufmerksamkeit auf ein weiteres theatralisches Kunstmittel, dessen sich Wilde immer wieder bedient, um die Aufmerksamkeit des Lesers zu wecken und aufrechtzuerhalten — die großen, oft dramatisch überzeichneten *Gesten,* mit denen seine Figuren ihre Reden unterstreichen:

> The hot tears welled into his eyes; he tore his hand away, and, flinging himself on the divan, he buried his face in the cushions, as though he was praying. (26)

> ,My dear Basil, how do I know?' murmured Dorian Gray, sipping some pale-yellow wine from a delicate gold-beaded bubble of Venetian glass, and looking dreadfully bored. (107)

Die Dialoge sind interpunktiert von solchen emotional geladenen oder dandyhaft blasierten Gesten, doch wäre es allzu voreilig, diese schlichtweg als „melodramatisch" abzutun. Die Nähe zum Melodrama wird zwar in der Sibyl Vane-Episode wiederholt thematisiert (69, 71, 88), doch eröffnen gerade diese kritischen Hinweise eine Interpretationsperspektive, die auch das Gebaren der Dandies in ein kritisches Licht rückt. Die melodramatische Theatralik, in die sich Wildes Figuren immer wieder versteigen, ist also nicht einfach Ausdruck von Wildes Hang zur Melodramatik, sondern eine von ihm zitierte, mit der die posenhaften Prätentionen seiner Figuren im Sinn der Selbstkritik des Ästhetizismus unterminiert und in Frage gestellt werden.

Der Dramatiker Wilde, der die Konventionen des *well-made play* so souverän beherrscht, daß er sie in *The Importance of Being Earnest* (1895) parodistisch ad absurdum führen können wird, kündigt sich auch in der Technik seiner *Kapitelschlüsse* an. Die Kapitel enden immer auf einer besonders signifikanten Note, die die Spannung auf das Kommende neu stimuliert, und besonders in der zweiten Hälfte erinnern die Kapitelschlüsse mit ihren Überraschungseffekten an die *coup de théâtre*-Dramaturgie des *well-made play* mit seinen *strong curtains*. So endet Kapitel XVII mit der Erscheinung des Gesichts von James Vane am Fenster und das folgende Kapitel mit der Entdeckung, daß der Erschossene niemand anderer als dieser ist.

Ein wichtiges Element der Rezeptionslenkung, das sowohl den Leser für die Geschichte affektiv engagiert, als auch diese mit einer zusätzlichen Bedeutungsaura auflädt, ist auch die suggestive *Leitmotivtechnik*. Wir wollen zwei Beispiele herausgreifen: die Blumen und die Farben. Von der ersten Zeile des ersten Kapitels an beherrschen immer wieder Blumen die schönen Gartenräume und Interieurs der Ästheten, und immer wieder bedienen sich Lord Henry und Dorian exquisiter Blumenmetaphern, um menschliche Schönheit zu beschreiben.[88] Rosen, Veilchen, Winden usw. erscheinen dabei als Symbol einer selbstzweckhaft in sich ruhenden Schönheit und Unschuld und einer organisch sich entfaltenden Natürlichkeit, und können so eine beruhigende, regenerative Kraft auf die künstlichen Exaltationen Dorians ausüben. Schon in Kapitel II erholt er sich von der Kunstwelt des Ateliers und birgt, in einer charakteristisch übersteigerten Geste, „his face in the great cool lilac-blossoms, feverishly drinking in their perfume as if it had been wine" (20), und in Kapitel VII bringen ihm, nach dem Bruch mit Sibyl, die taufrischen Blumen von Covent Garden „an anodyne for his pain" (88) und lösen eine Phase der moralischen Regeneration aus. Auch hier bereits öffnet sich jedoch eine Spannung zwischen der schlichten Natürlichkeit dieser heimischen Flora und dem Weg Dorians *contra naturam*. Je weiter er auf diesem Weg fortschreitet, desto mehr nehmen die Verweise auf Blumen eine zunehmend artifizielle, widernatürliche Qualität an, ja der Charakter der Blumen selbst verschiebt sich hin zum Exotisch-Perversen, zur Künstlichkeit des Treibhauses. So sieht Henry bald, daß unter seinem Einfluß Dorians „nature had developed like a flower, had borne blossoms of scarlet flame" (54 f.), und in dieselbe Richtung eines unnatürlich intensiven und überzüchteten Wachstums verweist etwa der Vergleich des Kunstlichts in Sibyls Theater mit „a monstrous dahlia with petals of yellow fire" (80). Dies wird im stark erotisch aufgeladenen Bild der

---

[88] Vgl. dazu John J. Pappas: The Flower and the Beast. A Study of Oscar Wilde's Antithetical Attitudes towards Nature and Man in ,The Picture of Dorian Gray'. In: English Literature in Transition 15/1 (1972) S. 37—48.

110

Orchideen noch weitergeführt, mit denen Dorian den dekadenten Prunkstil des „yellow book" vergleicht – „There were in it metaphors as monstrous as orchids, and as subtle in colour" (125) –, und es gipfelt darin, daß im weiteren Verlauf raffinierte Pflanzen- und Blumendestillate – Parfüm, Gift, Opium – immer mehr gegenüber den Blumen selbst an Bedeutung gewinnen. Damit umspannt dieses Leitmotiv die ganze Bandbreite zwischen natürlicher Unschuld und exotischer Perversion, innerhalb derer sich Henrys und Dorians Existenzprojekte vollziehen, und bietet dem Leser immer neue Orientierungsmarken in diesem Spannungsfeld unterschiedlicher Konzeptionen davon, was natürlich sei.

Eng mit dem Blumenmotiv verknüpft sind die Farben, die hier, wie in vielen Werken Wildes, eine wichtige Rolle spielen und auf deren Bedeutung Wilde in *The Critic as Artist* ausdrücklich verwies: „Mere colour, unspoiled by meaning, and unallied with definite form, can speak to the soul in a thousand different ways." (CW 1051) Hinter einer solchen Äußerung steht die symbolistische Ästhetik, der Farbwerte ebenso wie musikalische Klangwerte gerade deshalb so bedeutsam sind, weil sie sich einer eindeutigen Bedeutungsfixierung entziehen und dafür eine ins Unendliche zielende, offene Sinnsuggestion entfalten. Die Farbpalette des *Dorian Gray* – „that strange coloured book of mine", wie Wilde in einem Brief schrieb (L 352) – wird dabei von aparten und oft preziösen Valeurs wie „Tyrian" (23), „vermilion" (24), „amethyst" (25) oder „apricot-coloured" (44) bestimmt, vermeidet also die mit Banalität assoziierten Grundfarben, um eine mit den subtilen und raffinierten Stimmungslagen der Ästheten und *décadents* harmonisierende Atmosphäre zu schaffen. Mit einer Ausnahme: Das verführerische Buch, das Henry seinem Freund in Kapitel X gibt, ist in geradezu plakativ grellem Gelb! Wilde greift hier auf den Farbcode der französischen Dekadenz zurück – schon Huysmans' *À Rebours* (1884) und Anatole Bajus Zeitschrift *Le Décadent* (1886 ff.) waren in provozierendes Gelb gekleidet – und macht damit auch im England der 'Nineties bis hin zur Zeitschrift *The Yellow Book* (1894–97) und zu Richard Le Galliennes Essay über „The Boom in Yellow" (1896) diese Farbe so sehr zur Signalfarbe der Dekadenz, daß diese Dekade im Nachhinein bald mit dem Schlagwort „The Yellow Nineties" belegt wurde.[89]

---

[89] Vgl. dazu Holbrook Jackson: The Eighteen Nineties, S. 32, 45 u. 137 ff. Eine aparte biographische Fußnote: Wilde trug bei seiner Verhaftung ein „yellow book" unter dem Arm – es war jedoch nicht die skandalumwitterte Zeitschrift Henry Harlands und Aubrey Beardsleys, sondern der

Von dieser Ausnahme abgesehen dominieren jedoch erlesen nuancierte Zwischentöne die Farbskala des Buchs und vermitteln ihm, zusammen mit den Preziosa und dem verfeinerten Duktus der Gesten und Gespräche, eine Aura exquisiter Schönheit. Sie haben also auch dekorative Funktion und tragen dazu bei, das Buch selbst zum erlesenen *objet d'art* zu machen. Sie bilden dekorative Muster, und darin sah der Ästhetizist Wilde schon in seinem frühen Essay „The English Renaissance of Art" (1882)[90] das Wesen einer Kunst, die sich endlich zum Selbstzweck geworden ist, und auch Gilbert in *The Critic as Artist* betont dies in unmittelbarem Anschluß an seine Äußerung über Farben: „The repetitions of pattern give us rest. The marvels of design stir the imagination." (CW 1051) Dem entspricht im *Dorian Gray* das programmatische Projekt eines Romans „as lovely as a Persian carpet", das Lord Henry entwirft. (42)

Vor allem was den *Prosastil* der beschreibenden Passagen betrifft, ist *Dorian Gray* selbst ein solcher Teppich, aus erlesenen Materialien erlesen gewoben. Der Eindruck eines Gewebes ergibt sich schon daraus, daß immer wiederkehrende Schlüsselwörter diese Prosa durchwirken. Es sind dies ein relativ kleiner Satz von Epitheta (bzw. der dazugehörigen Nomina, Adverbien oder Verben), die leitmotivisch den ganzen Roman durchziehen und sich nach ihren Bezugsfeldern vier Gruppen zuordnen lassen. Da sind zunächst jene besonders häufigen Epitheta, die das ästhetizistische Ideal einer aparten Schönheit umschreiben: „beautiful", „delightful", „charming", „gracious", „delicate", „exquisite", „subtle", „interesting", „curious", „strange". Ich habe sie so angeordnet, daß die Beimengung des Aparten, ja irritierend Geheimnisvollen zum harmonisch Schönen, die schon Baudelaire und Pater als wesentlich für das neue Schönheitsideal herausgestellt haben[91], fortschreitend deutlicher wird. Von hier aus ist es nur noch ein kleiner Sprung zu jenen typisch dekadenten Schlüsselwörtern, die das Moment des Geheimnisvollen und Irritierenden isolieren und die Schönheit ins Gegenteil umschlagen lassen: „grotesque", „monstrous", „hideous", „poisonous", „terrible", „horrible". Es ist dieses Wortfeld, das im Verlaufe

---

französische Dekadenzroman seines Freundes Pierre Louÿs, *Aphrodite*, der dieser Konvention entsprechend in Gelb eingeschlagen war. Vgl. dazu H. Montgomery Hyde: Oscar Wilde. A Biography. London 1976, S. 510.

[90] Vgl. Eric Warner / Graham Hough (Hrsg.): Strangeness and Beauty, Bd. 2, S. 124–137.

[91] Vgl. Strangeness and Beauty, Bd. 1, S. 183 und Bd. 2, S. 40: „Beauty always has an element of strangeness." „It is the addition of strangeness to beauty, that constitutes the romantic character in art [...]."

des Romans immer mehr an Bedeutung gewinnt und dabei immer stärker mit einem weiteren in Berührung gerät, das das Geschehen unter eine moralisch wertende Perspektive stellt: „stained", „corrupt", „maladies", „sin", „vice", „evil". Diese drei Wortfelder stehen in einer ständigen Spannung zueinander, die sowohl die ästhetizistische als auch die dekadente Programmatik relativiert. Ihrer aller gemeinsamer Antipode wird jedoch durch ein Wortfeld repräsentiert, das die negierte Häßlichkeit und Gewöhnlichkeit der viktorianischen Realität benennt: „common", „shallow", „hoarse", „shrill", „rough", „coarse".

Sicher wirkt der Stil durch diese gehäufte Repetition von Schlüsselwörtern und durch die preziöse Leitmotivik stellenweise etwas überfrachtet und gleichzeitig etwas schabloniert in seinem Zugriff auf Wirklichkeit, und sicher sind die verschiedenen stilistischen Tendenzen und Intentionen – die Internalisierung des Geschehens, der dekorative Ästhetizismus und die an die Dramaturgie des *well-made play* erinnernden Techniken der Rezeptionslenkung – von einer widersprüchlichen Gegenläufigkeit, die sich nicht ganz auflösen oder harmonisieren läßt.[92] Doch sind es gerade solche Brüche und Widersprüche in der Gestaltungsweise, die *Dorian Gray* auch seinen historischen Repräsentanzwert im widersprüchlichen Spannungsfeld der Kultur des englischen Fin de siècle verleihen und, wie die reiche Rezeptionsgeschichte gezeigt hat, ihr eigenes Anregungspotential entfalten.

Wilde selbst hat im Nachhinein versucht, hier zu harmonisieren, und das *„Preface"*, das auf die kritischen Reaktionen auf die Zeitschriftenfassung vom Sommer 1890 reagierte und zunächst als „A Preface to ‚Dorian Gray' " separat in der *Fortnightly Review* im März 1891 erschien, um dann der im April 1891 veröffentlichten endgültigen Buchfassung vorangestellt zu werden[93], trägt dies in den Text selbst hinein. Gegenüber den beschriebenen impliziten Formen der Normenvermittlung im erzählerischen Diskurs stellt das „Preface" eine explizite auktoriale Stellungnahme dar, und gegenüber den noch zu erörternden expliziten Selbsterklärungen Wildes zum *Dorian Gray* in seinen Briefen ist es ein öffentlicher Bestandteil des Werks.

---

[92] Norbert Kohl spricht mit Recht von der „Unausgewogenheit zwischen psychologischer Darstellungsintention und dekorativem Ästhetizismus"; Oscar Wilde, S. 273.

[93] Vgl. dazu Wilfried Edener: Einleitung. In: The Picture of Dorian Gray (Urfassung 1890). Nürnberg 1964, S. XIII; vgl. auch The Letters of Oscar Wilde, S. 290.

In die programmatischen Maximen des „Preface" geht vieles ein, was Wilde schon an anderer Stelle formuliert hat[94]; gleichzeitig ist es jedoch fast Punkt für Punkt mit dem Roman selbst verzahnt und nimmt, wie wir in unserer Interpretation immer wieder gezeigt haben, bis in die wörtliche Formulierung hinein zentrale Themen und Denkfiguren des Romans vorweg. Dabei bezieht sich das „Preface" freilich nicht auf die Geschichte selbst, sondern auf deren kunsttheoretische Implikationen und die implizite Poetik ihrer narrativen Vermittlung. Diesen Maximen gemäß will das Buch als ein selbstzweckhaft schönes Kunstwerk gelesen werden, das sich in ästhetischer Autonomie jeglicher gesellschaftlicher und moralischer Verpflichtung entzieht, und als ein symbolistisches Kunstwerk verstanden werden, dessen offene Sinnsuggestionen, hinter denen der Autor sich eher verhüllt als entbirgt, der Leser selbst und in seiner eigenen subjektiven Verantwortung ausfüllt und konkretisiert. Wie überzeugt und überzeugend die Maximen in ihrer provozierend paradoxen Pointiertheit und in ihrer monumentalen Schlichtheit auch klingen mögen und wie brillant sie auch die Grundpositionen des Ästhetizismus und Symbolismus zusammenfassen, so überdecken sie doch eher die Widersprüche des Buchs, dem sie vorangestellt sind, als daß sie dieses in seiner Gänze theoretisch abzudecken vermöchten. Nicht nur, daß Ästhetizismus und Symbolismus nicht so einfach auf einen Nenner zu bringen sind, wie das hier suggeriert wird, da, wie nicht zuletzt der Roman selbst zeigt, das *l'art pour l'art* dekorativer Schönheit und vollkommener Form doch recht anderen Voraussetzungen und Intentionen folgt als die symbolistische Präsentation von Bewußtseinszuständen — auch die emphatische Zurückweisung jeder über das Ästhetische hinausgehenden Verantwortung und damit jeder moralischen Kritik und Zensur abstrahiert in defensiver Weise von den moralischen Implikationen des Romans. Und deren Nachvollzug überläßt der Roman nicht einfach dem individuellen Belieben des Lesers, sondern steuert er immer wieder in ganz unsymbolistisch-deutlicher Weise. Damit versucht das Vorwort aber auch das kritische Potential des Textes zu entschärfen — sowohl seine Selbstkritik des Ästhetizismus, Symbolismus und der Dekadenz, als auch die Gesellschaftskritik am Viktorianismus. Und gerade in dieser Kritik ist *Dorian Gray* eben nicht „quite useless" (xxiv)!

---

[94] Vgl. dazu Isaac Elimimian: „Preface" to ‚The Picture of Dorian Gray' in the Light of Wilde's Literary Criticism. In: Modern Fiction Studies 26 (1980/81) S. 625–628.

Erhellender, gerade weil widersprüchlicher, sind da schon Wildes werkexterne Äußerungen zum *Dorian Gray* in privaten oder öffentlichen *Briefen*, mit denen er im Nachhinein die Rezeption zu lenken suchte. Da sie durch die heftige Kritik an seinem Werk provoziert sind (s. o. II. 1), müssen sie freilich auch in ihrer apologetischen Funktion gesehen, das heißt, mit Vorbehalt gelesen werden. Zur zentralen Frage in dieser Kontroverse, dem Verhältnis von Kunst und Moral, finden sich dabei drei Positionen.

Die *erste* betont, den Prämissen des „Preface" und der Einstellung Lord Henrys gemäß, die selbstzweckhafte Schönheit und moralische Indifferenz des *Dorian Gray* als Kunstwerk. Hier erscheint der Roman als „an essay on decorative art" (L 264), wird also auf einen Teilaspekt seines Stils und Themas reduziert, wie er sich vor allem in Kapitel XI verdichtet darstellt. Hinter dem Vorwurf, sich in dekadenter Fasziniertheit der Darstellung des moralisch Anrüchigen und Perversen gewidmet zu haben, sieht Wilde dabei „the absolutely unpardonable crime of trying to confuse the artist with his subject-matter", und er betont demgegenüber, daß der Künstler „no ethical sympathies at all" haben dürfe:

> Virtue and wickedness are to him simply what the colours of his palette are to the painter. [. . .] It was necessary, sir, for the dramatic development of this story to surround Dorian Gray with an atmosphere of moral corruption. Otherwise the story would have had no meaning and the plot no issue. (L 266)

Er bezieht sich dabei wie Lord Henry (56; s. o. III. 3) in seiner Argumentation auf Keats' berühmten Brief über die „negative capability" des Künstlers, der die Unschuld einer Imogen mit ebensoviel schöpferischer Lust und Einfühlung darstelle wie die Verworfenheit eines Jago. Damit ist jede moralische Deutung immer vom Leser selbst zu verantworten, der seine eigenen Vorurteile und Interessen in das Werk projiziere:

> To keep this atmosphere of corruption vague and indeterminate and wonderful was the aim of the artist who wrote the story. I claim, sir, that he has succeeded. Each man sees his own sin in Dorian Gray. What Dorian Gray's sins are no one knows. He who finds them has brought them. (L 266)

Dem entsprechend spielt er im zweiten Brief an den *Scots Observer* die unterschiedlichen Interpretationen seines Werks in der journalistischen Kritik gegeneinander aus und sieht in der Bedeutungsoffenheit, die sich dabei abzeichnet, gerade den Wert und die Bedeutsamkeit seines Werks:

For if a work of art is rich, and vital, and complete, those who have artistic instincts will see its beauty, and those to whom ethics appeal more strongly than aesthetics will see its moral lesson. It will fill the cowardly with terror, and the unclean will see in it their own shame. It will be to each man what he is himself. It is the spectator, and not life, that art really mirrors. (L 268)

Bis in die Formulierung hinein werden hier die Maximen des „Preface" vorweggenommen, und doch verschiebt sich gerade im letzten Zitat die Argumentation bereits etwas, indem hier ja, gegen die Maximen des „Preface", eine „moral lesson" des Werks konzediert wird. Was Wilde hier bloß konzediert, wird jedoch in anderen Äußerungen gerade betont. Damit sind wir bei der *zweiten* Position, die dem Vorwurf der Immoralität durch den Hinweis auf die implizite Moral der Geschichte zu begegnen sucht. So bezeichnet er nun *Dorian Gray* als „a real work of art with a strong ethical lesson inherent in it", und bemüht sich darum, diese moralische Lektion und ihre künstlerische Vermittlung zu verdeutlichen:

The real moral of the story is that all excess, as well as all renunciation, brings its punishment, and this moral is so far artistically and deliberately suppressed that it does not enunciate its law as a general principle, but realises itself purely in the lives of individuals, and so becomes simply a dramatic element in a work of art, and not the object of the work of art itself. (L 263)

Und in einer anderen Briefstelle konkretisiert er diese allgemeinen Hinweise auf seine drei Hauptfiguren, die nun gemäß einem rigiden Schuld-und-Sühne-Schema gedeutet werden, wobei er offensichtlich besonders in Bezug auf Lord Henry seine Schwierigkeiten hat:

The painter, Basil Hallward, worshipping physical beauty far too much, as most painters do, dies by the hand of one in whose soul he has created a monstrous and absurd vanity. Dorian Gray, having led a life of mere sensation and pleasure, tries to kill conscience, and at that moment kills himself. Lord Henry Wotton seeks to be merely the spectator of life. He finds that those who reject the battle are more deeply wounded than those who take part in it. (L 259)

Beide Argumentationsstrategien — sowohl die, die sich gegen jegliche moralische Intentionen verwahrt, als auch jene, die eine schlüssige und mit den ästhetizistischen Prämissen ebenso wie mit dem viktorianischen Ethos völlig vereinbare moralische Lektion in Anspruch nimmt — gehen nicht ganz auf und sind weder miteinander noch mit dem Roman selbst zu harmonisieren. Sie dienen sichtlich vor allem der öffentlichen Apologie und Rechtfertigung, und so verwundert es nicht, daß sich entscheidend weiterführende Äußerungen Wildes eher in seiner privaten Korrespondenz finden. So schreibt er an Conan Doyle, dessen erster Detektivroman ja gleichzeitig mit *Dorian Gray* als Beitrag für *Lippincott's Magazine* in Auftrag gegeben worden war (s. o. II. 3), in einem Dankbrief für dessen freundliche Würdigung der gerade erschienenen Buchausgabe:

> Between me and life there is a mist of words always. I throw probability out of the window for the sake of a phrase, and the chance of an epigram makes me desert truth. Still I do aim at making a work of art [. . .]. The newspapers seem to me to be written by the prurient for the Philistine. I cannot understand how they can treat *Dorian Gray* as immoral. My difficulty was to keep the inherent moral subordinate to the artistic and dramatic effect, and it still seems to me that the moral is too obvious. (L 291 f.)

In dieser erstaunlich hellsichtigen selbstkritischen Äußerung wird der Anspruch aufgegeben, ein bruchloses und harmonisch in sich ruhendes Werk geschaffen zu haben, und wird der innere Widerspruch des Werks zwischen dem ästhetizistischen Anspruch und der deutlichen Moral auf das eigene künstlerische Temperament, der Neigung zu brillanten punktuellen Effekten, zurückgeführt. Weit genug geht jedoch auch diese Selbstdeutung nicht, weil (1) der Widerspruch nicht als prinzipieller erkannt wird und (2) die Moral selbst nicht genauer expliziert wird, sondern, wie in den öffentlichen Briefen, stillschweigend als viktorianische unterstellt wird, nach der er sich von allen seinen Figuren in gleicher Weise moralisch dissoziieren müßte. Daß dem aber nicht so ist, haben wir in unserer Interpretation herauszuarbeiten versucht. In die Richtung dieser Interpretation verweist jedoch eine letzte Briefstelle, die wir hier anführen wollen — es ist die einzige, in der Wilde nicht, gemäß dem Postulat der Autonomie des Kunstwerks gegenüber dem Künstler, jegliche autobiographische Implikationen zurückweist, sondern sich ausdrücklich in Beziehung zu seinen drei Hauptfiguren setzt: „Basil Hallward is what I think I am: Lord Henry what the world thinks me: Dorian what I would like to be — in other ages, perhaps." (L 352) Hier versucht Wilde, in eingeschränkter Identifikation mit seinen Figuren drei Perspektiven miteinander zu vermitteln — die private des Selbstverständnisses, die gesellschaftliche der Rolle, die er spielt, und die utopische der Vorwegnahme einer geglückten Menschlichkeit, Zwischenmenschlichkeit und Gesellschaft, in der der „Neue Hedonismus" nicht in sein Gegenteil umschlägt und zu korrupter Dekadenz pervertiert. Und es ist diese Perspektive, die dem Roman sein sozialkritisches Potential und die Kühnheit der Selbstkritik seiner Prämissen verleiht.

IV. Historische Kontexte

1. Ökonomische Lage und soziale Frage

In einer Zeit, in der auch englische Autoren, zum Teil unter dem Einfluß des kontinentaleuropäischen Naturalismus, sich verstärkt sozialen Problemen zuwandten und diese mit neuer Direktheit und Differenziertheit in ihren Werken thematisierten (z. B. George Gissings *New Grub Street*, 1891; Thomas Hardys *Tess of the d'Urbervilles* und *Jude the Obscure*, 1891 u. 1895; G. B. Shaws *Widowers' Houses*, 1892; George Moores *Esther Waters*, 1894), entzieht sich Wilde in seinem Roman weitgehend diesem neu und verschärft gestellten Auftrag an die Literatur, die gesellschaftliche Wirklichkeit – und hier vor allem die soziale Lage der Unterschichten und Unterprivilegierten – kritisch und reformerisch widerzuspiegeln. Nicht nur, daß er in einer Reihe literaturtheoretischer Äußerungen ausdrücklich Realismus, Naturalismus und Sozialkritik als mit dem Wesen von Kunst unvereinbar zurückweist (z. B. CW 972–976, 982–992, 1034–1038); auch dort, wo die soziale Frage in seinen Werken angesprochen wird, weicht er ihr meist durch witzige Seitenhiebe gegen ein rührseliges Philanthropentum aus (etwa im Gespräch über das „important problem" des East End, 39–42; s. o. III. 1). Und doch: Gerade in dieser geflissentlichen Ausgrenzung ist das Ausgegrenzte dem Werk eingeschrieben, bildet es die Kehrseite jener ästhetizistischen Medaille, die ja gegen die Zumutungen der gesellschaftlichen Wirklichkeit der Zeit gemünzt ist. Damit bleibt das sozialkritische Potential des *Dorian Gray* ein implizites – impliziert in den Negationen seiner Ausgrenzungen.

Das England, in dem *Dorian Gray* nicht nur erschien, sondern gegen das es geschrieben wurde, ist das England am Ende seiner zweiten Industrialisierungsphase.[1] Stand im Zentrum der ersten Phase (bis etwa 1840) die Textilindustrie, so ist die zweite Phase von der

---

[1] Vgl. dazu Eric J. Hobsbawm: Industry and Empire. An Economic History of Britain. Harmondsworth 1969; wir zitieren nach der deutschen Übersetzung Industrie und Empire. Britische Wirtschaftsgeschichte seit 1750. Frankfurt 1969. Bd. 1, S. 111–173. Vgl. auch C. P. Hill: British Economic and Social History 1700–1975. London 1977 und R. W. Breach / R. M. Hartwell (Hrsg.): British Economy and Society 1870–1970. Oxford 1972.

Schwerindustrie bestimmt, vom Durchbruch der Kohle-, Eisen- und Stahlindustrie und des Eisenbahnbaus. Dies machte England bald zum „workshop for the world" (Disreali, 1838) und führte die *golden years* der viktorianischen Ära von etwa 1850 bis 1875 herbei. Seine Produktivität, sein Kapitalexport und sein Außenhandel (mit Europa, den USA und den Kolonien) stiegen sprunghaft, ohne daß sich dabei freilich die Löhne und Lebensverhältnisse des Proletariats – von hochqualifizierten Facharbeitern abgesehen – wesentlich verbessert hätten. Dennoch waren nach 1848 die Zeiten der Chartistenbewegung vorbei, die die Massen der Arbeiter gegen die Unternehmer und das kapitalistische System mobilisiert hatte, denn die Gewerkschaften, die vor allem die Interessen der gelernten Arbeiter vertraten, sahen nun innerhalb dieses Systems eine Chance, die Situation ihrer Mitglieder zu verbessern: Seit 1824 nicht mehr illegal, wurde ihnen 1871 ein gesetzlicher Status zugestanden, der sie als Teil des industriellen Systems verankerte, und es gelang ihnen, für einzelne Schichten der Arbeiterbevölkerung Verbesserungen wie den Zehnstundentag oder das freie Wochenende ab Samstagmittag durchzusetzen und, gemeinsam mit Gladstones Liberalen, mit der *Second Reform Bill* von 1867 und späteren Gesetzen das Wahlrecht für die männlichen Arbeiter zu erkämpfen. Ebenfalls liberalem Reformwillen entsprangen die *Education Acts* von 1870, 1880 und 1891, die schrittweise die allgemeine und kostenlose Schulpflicht einführten, und die *Public Health Act* von 1875, die die sanitären Verhältnisse in den industriellen Ballungsräumen verbessern sollte. Was die Oberschicht betraf, so entstand in dieser Zeit eine neue Klasse von Rentiers, meist Damen, die von Investitionserträgen und Sparrücklagen lebten – Wildes Frau, Constance Lloyd, war eine von ihnen.[2] Eric J. Hobsbawms allgemeine Bemerkung, „Das Zeitalter der Eisenbahn, des Eisens und der Auslandsinvestition schuf auch die wirtschaftliche Basis für den viktorianischen Ästheten"[3], hat damit auch für Wilde, zumindest in bestimmten Phasen seines Lebens, eine besondere Relevanz.

Um die Mitte der siebziger Jahre kam es jedoch zu einem Einbruch, zu einer Stagnation der ökonomischen Entwicklung, da der Binnenmarkt vorerst gesättigt war und der Außenhandel unter immer stärkeren Konkurrenzdruck der anderen Industrienationen, vor allem der USA und Deutschlands, geriet, die England in den frühen neunziger Jahren z. B. in der Stahlproduktion überflügelten. Diese

---

[2] Vgl. dazu H. Montgomery Hyde: Oscar Wilde, S. 116 u. 129.
[3] E. J. Hobsbawm, I, 121.

Great Depression dauerte bis in die Mitte der neunziger Jahre an und wurde dann erst durch neue technologische Entwicklungsschübe und einen forcierten Imperialismus überwunden. Der englische Ästhetizismus der 'Eighties und 'Nineties[4] fällt damit in eine Krisenphase des industriekapitalistischen *laissez-faire*-Systems, ja muß als eine der Reaktionsweisen des geistigen und künstlerischen Überbaus auf die Widersprüche und Mängel dieses Systems betrachtet werden. Die andere, dazu komplementäre Reaktion stellen der Naturalismus und eine neue sozialkritisch engagierte Kunst dar: Blendet der Ästhetizismus das Elend und die Häßlichkeit, wie sie durch Kapitalismus und Industrialisierung produziert wurden, aus und entwirft er dagegen eine utopische Alternative der Schönheit und Sinnfülle, so wenden sich jene einer analytischen, kritischen und reformerischen Darstellung der gesellschaftlichen Mißstände zu.

Die „Große Depression" war zwar, schon wegen der sinkenden Preise, nicht so katastrophal in ihren Auswirkungen auf die Arbeiterschaft wie etwa die Weltwirtschaftskrise der zwanziger Jahre unseres Jahrhunderts, doch brachte sie, aufgrund rückläufiger landwirtschaftlicher Erträge, eine Verstärkung der Landflucht und damit eine Ausweitung der Slums in den industriellen *conurbations* und, aufgrund zunehmender Arbeitslosigkeit, eine weitere Pauperisierung von *unskilled labour* mit sich. So wurde handgreiflich, daß das Glücksversprechen des Industriekapitalismus, eine freie Entfaltung individuellen Unternehmertums würde automatisch der Gesamtgesellschaft zugute kommen, die Kluft zwischen Arm und Reich verkürzen und soziale Spannungen abbauen, eine ideologische Fiktion war.

Das wachsende Bewußtsein für diese Widersprüche trieb neue Protestbewegungen, Reformprogramme und eine Neuorientierung gewerkschaftlicher Politik hervor. 1887 kam es, ausgelöst durch die irische Frage, zur Straßenschlacht des *Bloody Sunday* (13. Nov.), und der Dockarbeiterstreik von 1889, der auch eine breite Unterstützung in der Öffentlichkeit fand, führte zum *New Unionism* der neunziger Jahre, d. h. zu verstärkter parteipolitischer Aktivität der Gewerkschaften und zu einem verstärkten Engagement gerade für die ungelernten Arbeiter, was zwischen 1888 und 1892 die Mitgliederzahlen auf 1,5 Millionen verdoppelte. Der parteipolitische Anschluß der Gewerkschaften war möglich geworden, weil sich in den Krisen-

---

[4] Vgl. dazu Jerome H. Buckley: The Victorian Temper. A Study in Literary Culture. Cambridge/Mass. 1951, S. 207–225 („The ,Aesthetic' Eighties") u. S. 226–246 („The Decadence and After").

jahren der *Great Depression* in kritischer Auseinandersetzung mit den konservativen Regierungen unter Disreali und Lord Salisbury eine Reihe sehr aktiver sozialistischer Gruppen entwickelt hatte.[5] Aus der von Henry Myers Hyndman 1881 gegründeten *Democratic Federation* war 1884 die marxistisch-revolutionäre *Social Democratic Federation* hervorgegangen, von der sich noch im selben Jahr William Morris, der „Sozialist des Gefühls" (Friedrich Engels), mit seiner gemäßigteren *Socialist League* abspaltete. 1884 war auch das Gründungsjahr der *Fabian Society,* eines Zusammenschlusses von Intellektuellen (George Bernard Shaw, Beatrice und Sidney Webb u. a.) zur reformerischen Durchsetzung sozialistischer Ziele.[6] Und die von James Keir Hardie betriebene Gründung der *Independent Labour Party* 1893 bereitete schließlich den Zusammenschluß von Fabians, Vertretern der ILP und des *Trades Union Congress* zur Einsetzung des *Labour Representation Committee* 1900 vor, das sich 1906 zur *Labour Party* umbenennen sollte.

Diese gewerkschaftlichen und sozialistischen Gruppen stellen jedoch nur einen Ausschnitt aus dem sehr viel breiteren Spektrum gesellschaftskritischer Positionen und Projekte vor, bei denen jedoch, wie Beatrice Webb im Rückblick schrieb, im Gegensatz zum früheren Chartismus nicht mehr die Massen selbst, sondern Intellektuelle der *middle class* tonangebend waren:

> The origin of the ferment is to be discovered in a new consciousness of sin among men of intellect and men of property; a consciousness at first philanthropic and practical — Oastler, Shaftesbury and Chadwick; then literary and artistic — Dickens, Carlyle, Ruskin and William Morris; and finally, analytic, historical and explanatory — in his latter days John Stuart Mill; Karl Marx and his English interpreters; Alfred Russel Wallace and Henry George; Arnold Toynbee and the Fabians. I might perhaps add a theological category — Charles Kingsley, F. D. Maurice, General Booth and Cardinal Manning. „The sense of sin has been the starting-point of progress" was, during these years, the oft-repeated saying of Samuel Barnett, rector of St. Jude's Whitechapel, and founder of Toynbee Hall. [. . .] The consciousness of sin was a collective or class consciousness; a growing uneasiness, amouting to conviction, that the industrial organisation which had yielded rent, interest and profits on a stupendous scale, had failed to provide a decent livelihood and tolerable conditions for a majority of the inhabitants of Great Britain.[7]

---

[5] Vgl. George Lichtheim: Kurze Geschichte des Sozialismus. Köln 1972, Kap. 8; Stanley Pierson: Marxism and the Origins of British Socialism. The Struggle for a New Consciousness. Ithaca 1973.

[6] Vgl. dazu Willard Wolfe: From Radicalism to Socialism. Men and Ideas in the Formation of Fabian Socialist Doctrines 1881—1889. New Haven 1975 und Norman u. Jeanne Mackenzie: The First Fabians. London 1977.

[7] Beatrice Webb: My Apprenticeship. London 1926, S. 179 f.

Innerhalb des hier entfalteten Spektrums konservativer bis revolutionärer Kritik am Industriekapitalismus weist Wilde, wie viele seiner satirischen Ausfälle im *Dorian Gray* und vor allem in den Gesellschaftsdramen zeigen, die geringsten Affinitäten mit philanthropischen und christlichen Reformprogrammen, die stärksten jedoch mit dem ästhetischen Protest auf.[8] Dieser reicht in seinen Wurzeln zurück bis in die Romantik, deren Betonung der Werte von Imagination, Natur und organischer Schönheit schon als Reaktion auf die Verunstaltung des Menschen und seiner Umwelt durch die Industrielle Revolution begriffen werden muß. Pointiert wurde diese Konfrontation von Kunst und Ökonomie dann um die Jahrhundertmitte vor allem in den umfang- und einflußreichen Schriften John Ruskins und in den Aktivitäten der *Pre-Raphaelite Brotherhood* um Dante Gabriel Rossetti und William Holman Hunt. Das Ästhetische erhält hier als Refugium der Schönheit vor dem Häßlichen, das die industrielle Produktionsweise herstellt und mit sich bringt, eine geradezu sakrale Würde, und in der Verklärung mittelalterlicher Kunst und Lebensformen kündigt es die Zeitgenossenschaft mit der Gegenwart auf. Die Präraphaeliten wählten dabei eher den Weg der Ausgrenzung, des künstlerischen Entwurfs einer ästhetizistischen Gegenwelt, während Ruskin ein Programm der Reformierung der gesellschaftlichen Wirklichkeit aus dem Geist der Kunst verkündete. So verschmelzen bei ihm Kunsttheorie und Gesellschaftstheorie, und so gerät z. B. sein Plädoyer für eine Neuorientierung an mittelalterlicher Kunst in dem folgenreichen Abschnitt über „The Nature of the Gothic" aus *The Stones of Venice* (s. o. III. 4) zu einer einschneidenden Kritik an der industriekapitalistischen Gesellschaft, vor allem an den Folgen des arbeitsteiligen Produktionsprozesses, der den Arbeiter zum Werkzeug und zur Maschine degradiert, individuelle Erfahrung fragmentarisiert und die organische Einheit der Gesellschaft zerstört. Dies kommt durchaus der im selben Zeitraum entstehenden Marx'schen Theorie „entfremdeter Arbeit" nahe, doch sind die Konsequenzen unterschiedliche: Wo Marx die ökonomische Basis revolutionär verändern will, um eine klassenlose Gesellschaft herbeizuführen, glaubt der Kunsttheoretiker Ruskin an die Möglichkeit einer Bewußtseinsänderung durch ästhetische Erziehung und will als konservativer Denker auch keineswegs eine klassenlose Gesellschaft, sondern eine Gesellschaft, die in ihren

---

[8] Vgl. dazu das Kapitel „God and Mammon" in Buckley: The Victorian Temper, S. 109–123. Vgl. auch Raymond Williams: Culture and Society 1780–1950. London 1958, S. 173–175, wo Wilde vor allem auf Matthew Arnolds Kulturkritik rückbezogen wird.

Hierarchisierungen und funktionalen Differenzierungen und in der organischen Bezogenheit der Teile und des Ganzen selbst wie ein Kunstwerk strukturiert ist.

Beide Formen des ästhetischen Protests werden bis ins Fin de siècle weiterwirken — die Ausgrenzung des Ästhetischen aus der Gesellschaft, der Gesellschaft aus dem Ästhetischen und damit dessen Verabsolutierung zum *l'art pour l'art* am konsequentesten bei Walter Pater; und die ästhetische Reformierung der Gesellschaft in der *arts and crafts*-Bewegung und hier vor allem bei William Morris. Er ist der am entschiedensten politisierte Ästhetizist, und er versucht, gleichzeitig von Ruskin und Marx inspiriert, Ästhetizismus und Sozialismus zur Synthese zu bringen. So verbindet sich bei ihm Ruskins Forderung nach Rückkehr zu vorindustriellen Produktionsweisen mit der marxistischen nach Vergesellschaftung der natürlichen Resourcen und der Produktionsmittel, und so ergänzen bei ihm konkret engagierte politische Aktivitäten innerhalb der sozialistischen und gewerkschaftlichen Bewegung sein weit gespanntes künstlerisches Schaffen. Und auch dieses ist in wesentlichen Teilen unmittelbar gesellschaftlich bezogen: In den von ihm gegründeten Werkstätten sollten gleichzeitig alternative Produktionsweisen erprobt und kunstgewerbliche Alternativen zu den häßlichen und surrogathaften Industrieprodukten für den täglichen Gebrauch (Möbel, Textilien, Bücher usw.) entwickelt werden, sollte also die Kunst als Gebrauchskunst demokratisiert werden.[9] Und im literarischen Bereich seines Schaffens nehmen neben Versromanzen, die mittelalterliche und früh-skandinavische Gesellschaftsformen als Gegenbild zur aktuellen Wirklichkeit feiern[10], ästhetisch-politische Programmschriften und Reden[11] und utopische Alternativentwürfe (*A Dream of John Ball*, 1886/87; *News from Nowhere*, 1890/91) einen breiten Raum ein.

Vergleicht man die ästhetische Rekonstruktion der Wirklichkeit in *News from Nowhere* mit der gleichzeitig entstandenen ästhetizistischen Utopie von Lord Henrys „New Hedonism" im *Dorian Gray*, so liegen, jenseits der gemeinsamen Protesthaltung der gesellschaft-

---

[9] Vgl. dazu Ingeborg Boltz: Kunst und Design in der Yellow Decade. In: Pfister/Schulte-Middelich (Hrsg.): Die 'Nineties, S. 377–414; zu Morris S. 380.

[10] Vgl. dazu Karl Honnef: Dichterische Illusion und gesellschaftliche Wirklichkeit. Zur ästhetischen Struktur und historischen Funktion der Vers- und Prosaromanzen im Werk von William Morris. München 1978.

[11] Gesammelt in A. L. Morton (Hrsg.): Political Writings of William Morris. London 1973.

lichen Wirklichkeit gegenüber, die Unterschiede auf der Hand. Ohne hier auf die Schwierigkeiten und Widersprüche von Morris' Version des Sozialismus eingehen zu können, ist doch hervorzuheben, daß Morris' Alternativentwurf auf gesamtgesellschaftlich generalisierbare Lösungen abzielt, während Wildes Lord Henry allein die Möglichkeit einer individuellen Salvierung anvisiert; daß die Träger der Morris'schen Utopie Arbeiter und Bürger sind, während das Wilde'sche Dandy-Ideal an aristokratische Prätentionen gebunden bleibt; und daß schließlich bei Morris eine totale Veränderung des ökonomischen und politischen Systems vorausgesetzt wird, während Lord Henry individuelle Enklaven innerhalb des bestehenden Systems ausgrenzen will. Wenn Morris und Wilde in ihrem Ausgangspunkt, der Ablehnung der viktorianischen industriekapitalistischen Gesellschaft, durchaus vergleichbar sind, so sind die Konsequenzen, die sie daraus ziehen, doch ganz unterschiedlich. Mit Sozialismus — auch in einem britisch weiten Sinn verstanden — hat jedenfalls Wildes Konzeption hier nichts zu tun.

Und doch ist das nur die halbe Wahrheit, denn gerade in dem Zeitraum, in dem Wilde die Zeitschriftenfassung des *Dorian Gray* für die Buchveröffentlichung überarbeitet, publiziert er einen großen Essay, dessen Titel schon auf die aktuellen sozialistischen Bewegungen Bezug nimmt: *The Soul of Man Under Socialism* (s. o. II. 2).[12] Auch in der Argumentation selbst nimmt Wilde durchaus sozialistische Forderungen auf, wie sie auch von Morris vertreten wurden: die Beseitigung der Armut (CW 1079) durch die Beseitigung des Privateigentums (CW 1084) und damit die Verwandlung von „private property into public wealth" (CW 1080), die Ablösung der bürgerlichen Familie durch freiere Formen des Zusammenlebens (CW 1086 f.) und — hierin deutlich mehr von Ruskin und Morris als von orthodoxen marxistischen Positionen beeinflußt — die Betonung kunsthandwerklicher Arbeit und die Beschränkung maschineller Fertigung auf nicht-kreative Arbeiten (CW 1089). Im Unterschied zu genuin marxistischen oder sozialistischen Programmen ist Wildes Entwurf jedoch durch und durch idealistisch, wie ja auch schon die Kategorie der „Seele" im Titel andeutet. Nicht von konkreten

---

[12] Vgl. zu diesem in der Wilde-Rezeption oft verdrängten Essay J. D. Thomas: ‚The Soul of Man Under Socialism': An Essay in Context. In: Rice University Studies 51 (1965), S. 83—95; Masolino D'Amico: Oscar Wilde between ‚Socialism' and Aestheticism. In: English Miscellany 18 (1967) S. 111—139; Norbert Kohl: Oscar Wilde, S. 201—224; Bernd Lenz: Oscar Wilde. Der Ästhet als sozialer Rebell. In: Pfister/Schulte-Middelich (Hrsg.): Die 'Nineties, S. 316—341, hier S. 318—321.

ökonomischen Analysen und von konkreten Strategien zur Überwindung des bestehenden Systems handelt daher der Essay, sondern von den *états d'âme* (s. o. III. 4) des vom kapitalistischen und industriellen Joch befreiten Individuums. Demgemäß ist hier der Sozialismus auch nicht das Durchgangsstadium zum Kommunismus, sondern zum Individualismus: „[. . .] Socialism itself will be of value simply because it will lead to Individualism." (CW 1080) In dieser Verabsolutierung des Individuums mündet also auch der „sozialistische" Essay in jene ästhetizistischen Positionen des *culte du moi* ein, wie sie schon in den kunsttheoretischen Essays und im *Dorian Gray* entfaltet wurden (s. o. III. 2), und die Distanz zu sozialistischer Theorie und Praxis wird in dem Maße evident, in dem er jede Form politischer Herrschaftsorganisation ablehnt: „the State must give up all idea of government" (CW 1087). In politische Kategorien übersetzt, steht damit Wildes Sozialismus dem Anarchokommunismus Peter Kropotkins, den er bewunderte, und dem Anarchoindividualismus Max Stirners (*Der Einzige und sein Eigentum*, 1844), den er wohl kaum kannte, näher als den politischen Zielen derer, die im England der achtziger und neunziger Jahre für konkrete sozialistische Ziele kämpften. In diese Richtung verwies ja auch schon sein melodramatischer „Polit-Thriller" *Vera; or, The Nihilists* (1880).

Trotz dieses Fazits ist Wildes Sozialismus-Essay mehr als das Kokettieren mit modischen Attitüden, als das es von der Wilde-Kritik oft abgetan wird.[13] Die hier explizit geführte Sozialkritik steht vielmehr in engem Zusammenhang mit dem ästhetischen Protest, der implizit sein Ideal einer autonomen Kunst fundiert, und kehrt somit deren verdeckte gesellschaftliche Frontstellung hervor. Wilde ist ja ohnehin nicht der Idealtyp des ästhetizistischen oder symbolistischen Dichters, der allein in der Ausgrenzung aus der Gesellschaft und in der Schaffung eines autonomen Kunstraums seinen Protest gegen die Gesellschaft artikulieren würde. Dies so zu sehen hieße, Wildes Werk auf die Pater-Nachfolge zu fixieren und es auf einige wenige Texte — die kunsttheoretischen Essays, das „Preface" zum *Dorian Gray, Salomé* — zu reduzieren. In seinem Gesamtwerk ist jedoch die andere Perspektive innerhalb des englischen Ästhetizismus, die Ruskins und Morris', mindestens ebenso bedeutsam.

Und innerhalb dieser Perspektive kommt der Kunst und dem Künstler die wesentlich aktivere Aufgabe der ästhetischen Reformie-

---

[13] Vgl. auch die positive Beurteilung von Wildes sozialkritischem Engagement in George Woodcock: The Paradox of Oscar Wilde. New York 1949, Kap. 8: The Social Rebel, S. 136—170.

rung der Gesellschaft zu. Wilde hat ihr in verschiedener Weise zu dienen versucht, sei es, daß er sich in den achtziger Jahren für eine Reform viktorianischer Kleidung und Innenarchitektur einsetzte, sei es, daß er in seinen Kunstmärchen und im *Dorian Gray* die Werte des Ästhetischen gegen moralische und utilitaristische Normen ausspielte, oder sei es schließlich, daß er in seinen gesellschaftskritischen Dramen mit den ästhetischen Mitteln des Theaters die Widersprüche der viktorianischen Gesellschaft bloßstellte.

Eine Synthese dieser beiden ästhetizistischen Konzeptionen zum Verhältnis von Kunst und Gesellschaft ist ebensowenig möglich wie die noch problematischere Synthese von Ästhetizismus und Sozialismus. Wildes Scheitern ist also kein individuelles Versagen; das Niveau seines Scheiterns jedoch, der exemplarische Gehalt der Spannungen und Brüche innerhalb seines Werks, bleibt sein Verdienst. Dies gilt auch für die Doppelbödigkeit seiner Künstlerexistenz zwischen gesellschaftlichem Engagement und gesellschaftlicher Distanz, zwischen dandyhaftem Individualismus und sozialer Verantwortung, seine Rollen als Salonlöwe, Hoher Priester des Schönen, Kritiker der Gesellschaft und Paria.

2. Die anderen Viktorianer: Zur sexuellen Frage

„The Other Victorians": Damit meinte Steven Marcus, der Autor einer inzwischen klassisch gewordenen Studie zur viktorianischen Sexualität[14], die Kehrseite der offiziellen viktorianischen Sexualnormen — Prostitution und Pornographie. Wir wollen und müssen unsere Netze weiter werfen, schon um Wilde selbst gerecht werden zu können, aber auch um den sexualideologischen und sexualpolitischen Kontext angemessen erfassen zu können, in dem Wildes Werk und hier vor allem der *Dorian Gray* situiert ist. Mit dem Schlagwort der „anderen Viktorianer" zielen wir also weniger auf die sexuelle Subkultur von Prostitution und Pornographie ab, als auf alle Formen der Infragestellung von offiziellen oder offiziösen Normen zum Verhältnis von Mann und Frau und alle Formen devianter Praxis.

---

[14] The Other Victorians. A Study of Sexuality and Pornography in Mid-Nineteenth-Century England. New York 1966; dts. Übers.: Umkehrung der Moral. Sexualität und Pornographie im viktorianischen England. Frankfurt 1979.

Erst im Rahmen eines so erweiterten Problemhorizonts kann sichtbar werden, daß die Ära Wildes eine entscheidende Phase nicht nur in der Entwicklung des Sozialismus, sondern auch der sexuellen Emanzipation in England war, daß diese beiden revolutionären Bewegungen zusammengehören und daß Wildes Verhältnis zu beiden von ähnlicher Zwiespältigkeit war.

Die sprichwörtliche Rigidität der viktorianischen Sexualnormen ruhte auf drei Säulen: der sozio-ökonomischen Säule der bürgerlichen Familie, deren Funktion es war, die bestehenden Besitzverhältnisse und Klassenschranken zu stabilisieren[15]; der religiösen Säule einer sexualfixierten christlichen Moral, wie sie im englischen Puritanismus eine ihrer schärfsten Ausprägungen erfuhr; und schließlich die wissenschaftliche Säule der Medizin, die, ausgehend von unüberprüften Vorstellungen von dem, was „natürlich" sei, sexuelle Inhibitionen und Ängste verstärkte.[16] Ein weit verbreiteter ärztlicher Ratgeber wie Dr. William Actons *Functions and Disorders of the Reproductive Organs: Considered in their Physiological, Social and Moral Relations;* 1857 u. ö.) faßt die „wissenschaftlichen Erkenntnisse" in schöner Vollständigkeit zusammen: Sexualität hat nur in der Ausrichtung auf Fortpflanzung ihre Funktion; sie ist nur zwischen Ehegatten, und auch nur bei mäßigem Gebrauch, nicht gesundheitsschädigend; die sexuellen Bedürfnisse von Mann und Frau differieren nicht nur qualitativ, sondern auch quantitativ sehr stark; gesunde Kinder kennen keine sexuellen Wünsche und sollen so lange wie möglich davon unbehelligt bleiben; Masturbation und nächtliche Samenergüsse sind krankhaft („Spermatorrhöe") und unterminieren die Gesundheit des ganzen Organismus; belletristische Literatur, die allzu oft von erotischen Belangen handelt, ist vor allem von Jugendlichen zu meiden ... Für weite Schichten der Bevölkerung ist damit Abstinenz die oberste Regel dieser Sexualhygiene, und alles, was jenseits des eng eingegrenzten Territoriums legitimer Sexualität liegt, wird als unnatürlich und krankhaft gebrandmarkt, wobei die Drohung, daß solche „excesses" und „abuses" unweigerlich zu Debilität und frühem Tod führen, ihre Wirkung auf

---

[15] Vgl. dazu schon Friedrich Engels: Der Ursprung der Familie, des Privateigentums und des Staats (1884) und Walter E. Houghton: The Victorian Frame of Mind, 1830–1870. New Haven 1957, Kap. 13 („Love") u. 14 („Hypocrisy"), S. 341–430.

[16] Vgl. dazu Steven Marcus: The Other Victorians, Kap. 1 und Bernd Schulte-Middelich: The Other Victorians. Viktorianismus und sexuelle Revolution. In: Pfister/Schulte-Middelich (Hrsg.): Die 'Nineties, S. 115–146.

die vorwiegend mittelständischen Leser dieses oder ähnlicher Bücher nicht verfehlt hat.

Die religiös eingeimpfte Prüderie und das medizinische Szenario der Angst bestimmten das öffentliche Bewußtsein, und das Vorbild der tadellosen Ehe Königin Viktorias und vor allem ihres langen, jeder Sexualität enthobenen Witwenstandes bestärkte dieses Normensystem symbolkräftig. Die menschliche Natur, obwohl von den Apologeten des Systems immer wieder als oberste Norm angerufen, hatte dabei kaum eine Chance: es sei denn, man war ein Mann, bei dem gemäß einer doppelten Moral sexuelle Eskapaden weniger ins Gewicht fielen, da sie ja die rechtmäßige Vererbung des Familienbesitzes nicht gefährdeten — und darüber hinaus begütert genug, sich den Luxus eines Doppellebens, und gewitzt genug, sich das gesellschaftliche Rollenspiel der *hypocrisy* leisten zu können. Schwieriger war noch die Situation der Frau, der ja ihr Bedürfnis nach Sexualität an sich schon von der gesellschaftlichen *communis opinio* und der medizinischen Lehrmeinung als „unnatürlich" ausgeredet wurde, und die, wenn sie das weit verbreitete Pech hatte, den *lower classes* anzugehören, oft keine andere Existenzmöglichkeit hatte, als sich zu prostituieren. Denn die Prostitution, und das sah auch Dr. Acton ein, wurde in dem Maße ein notwendiges Übel, in dem die Moral der viktorianischen *middle class* gesellschaftliche Geltung erlangte und die Pauperisierung in den Ballungszentren fortschritt. Die *Contagious Diseases Act* von 1866, an der Acton maßgeblich beteiligt war, und die Diskussion darüber machten dieses Ausmaß auch offiziell sichtbar. Selbst in einem Roman wie *Dorian Gray,* der sich ja nicht sehr intensiv oder engagiert auf die Darstellung des Lebens der *lower orders* einläßt, scheint dieses Problem in der Welt des Schmierentheaters um Sibyl und in der Welt des East End (Kap. XVI) auf.

Die Tabuisierung der Sexualität, und hier wiederum vor allem die der weiblichen Sexualität, zwang die Frauen dazu, sich zu Madonnen zu stilisieren, wollten sie nicht als Magdalenen gelten.[17] Die Rolle, die ihnen vorgezeichnet wurde, war nicht nur sexuell, sondern auch sozial eine sehr enge: Ihrer sexuellen Passivität entsprach die soziale Beschränkung auf die dienende und pflegende Hingabe an den Mann und das Heim. John Ruskin z. B. wurde nicht müde, die häuslichen „Lilien" von den erotischen und eigenständigen „Rosen" abzuheben und ihre stille Kraft der seelischen Leitung und Läuterung des Mannes zu preisen. Solche galante Huldigungen verklärten

---

[17] Vgl. dazu Eric Trudgill: Madonnas and Magdalens. The Origins and Development of Victorian Sexual Attitudes. London 1976.

jedoch nur eine Geschlechterkodierung, in der der Mann der aktive Schöpfer und Entdecker ist, die Frau dagegen die Bewahrerin intimer Ordnungen; sie zementierten nur die Doktrin der getrennten Sphären, in der der Frau das kleine Treibhaus, dem Mann dagegen die ganze Welt gehört.[18] Die ideologische Funktion all dessen liegt auf der Hand: Der Frau soll dadurch weiterhin mit der sexuellen die intellektuelle, soziale und politische Selbständigkeit vorenthalten werden.

Eine solche radikale Polarisierung des Männlichen und Weiblichen nach angeblich natürlichen Dichotomien wie aktiv vs. passiv, intellektuell vs. emotional, Geist vs. Natur, Kraft vs. Schönheit, öffentlich vs. privat entfremdete die Geschlechter einander und ließ sie in wechselseitigen Stereotypen erstarren. Und wenn es die Aufgabe von Kunst und Literatur ist, solche Stereotypen in Frage zu stellen, aufzulösen und zu durchbrechen, so wurde diese Aufgabe durch restriktive gesetzliche Zensurmaßnahmen – etwa die *Obscene Publications Act* von 1857 –, inoffizielle Zensur einflußreicher *pressure groups* – etwa die *National Vigilance Association* (1886 gegründet) – und den strengen Moralkodex der *Circulating Libraries* eines W. H. Smith und Charles Mudie erheblich erschwert. Eine realistische Darstellung sexueller Sachverhalte und Probleme war damit in England, im Gegensatz zu Frankreich, auf das viele Autoren bewundernd und neidisch blickten, kaum möglich. So mußte sich Algernon Charles Swinburne in „Notes on Poems and Reviews" 1866 gegen die öffentliche Verunglimpfung seiner *Poems and Ballads* verwahren und den Vorwurf, Gedichte wie „Laus Veneris" und „Dolores" würden die reine Seele von Frauen und Jugendlichen verderben, mit der Frage parieren, „whether or not the domestic circle is to be for all men and writers the outer limit and extreme horizon of their world of work"? In dieselbe Richtung zielte George Moores Streitschrift „Literature at Nurse, or Circulating Morals" (1885), mit der er auf die Verbannung seiner Romane *A Modern Lover* (1883) und *A Mummer's Wife* (1885) aus Mudie's Leihbüchereien reagierte. Auch er weist darauf hin, daß außerhalb des viktorianischen Englands noch nie und nirgends die Kinderstube zum letztgültigen moralischen Maßstab dafür erhoben wurde, was in künstlerische Darstellung eingehen darf: „literature is now rocked to an ignoble rest in the motherly arms of the librarian. [. . .] Into this

---

[18] Ruskins einschlägigste Texte hierzu sind „Of Queens' Gardens" in *Sesame and Lilies* (1865) und der 90. Brief aus *Fors Clavigera* (1883). Vgl. dazu Kate Millett: Sexual Politics. New York 1969, Kap. C. II.

nursery none can enter except in baby clothes."[19] Und ebenso sah sich noch Thomas Hardy zu einem leidenschaftlichen Plädoyer für „Candour in English Fiction" aufgerufen, für das Recht und die Aufgabe des Romanciers, das Leben auch als „physiological fact" und einschließlich der „relations of the sexes" ehrlich zu beschreiben, als er 1890 gezwungen wurde, die erste Fassung von *Tess of the d'Urbervilles* eigenhändig zu expurgieren.[20] Dies ist auch der Hintergrund für den Sturm der moralischen Entrüstung, der im selben und im folgenden Jahr über den *Dorian Gray* hereinbrach (s. o. II. 1) und auf den Wilde mit dem „Preface", den Passagen zur moralischen Freiheit der Kunst in *The Soul of Man Under Socialism* (CW 1092–1095) und mehreren Leserbriefen (s. o. III. 5) reagierte.

Bei Swinburne und Wilde kam freilich noch etwas anderes ins Spiel als der einfache Vorwurf, die sexuellen Aspekte des Verhältnisses zwischen Frau und Mann überbetont oder zu explizit dargestellt zu haben. Sie und eine ganze Reihe ihrer Schriftsteller- und Künstlerkollegen waren in einem radikaleren Sinn „andere Viktorianer" als jene, denen es darum ging, die Inhibitionen und Tabus, die die Liebe zwischen Mann und Frau umstellten, zu durchbrechen: Sie waren „pervers". Ihre bloße Existenz stellte eine Provokation des viktorianischen Sexualsystems dar, koppelten doch ihre sexuellen Bedürfnisse den gottgewollten instrumentalen Zusammenhang zwischen Sexualität und Fortpflanzung in widernatürlicher und damit sündhafter Weise ab, bedrohten sie in krimineller Weise die sozioökonomische Ordnung der Familie, waren sie medizinisch und sexualhygienisch krankhaft und anstößig und widersprachen sie der klaren Polarisierung von Mann und Frau im viktorianischen Geschlechtercode. So verwundert es nicht, daß in einer Zeit, die sich selbst im Zeichen des Fortschritts und der Liberalisierung sah, die Homosexualität mit neuer Schärfe kriminalisiert wurde. England folgte hier dem Beispiel des Deutschen Reichs, das 1871 den § 175 einführte, während es in Frankreich unter dem Code Napoléon weiterhin keine Sondergesetze für Homosexuelle gab und Italien 1889 sich dem französischen Vorbild anschloß.[21] Durch die *Criminal Law Amendment Act* von 1885 wurde jede „gross indecency" zwischen „male persons" „in

---

[19] Zitiert nach Warner/Hough: Strangeness and Beauty, Bd. 1, S. 229 u. Bd. 2, S. 93.

[20] Zitiert nach Harold Orel (Hrsg.): Thomas Hardy's Personal Writings. London 1867, S. 125–133, hier S. 127.

[21] Vgl. dazu die besonders für die zweite Hälfte des 19. Jahrhunderts ergiebige Textsammlung von Joachim S. Hohmann (Hrsg.): Der unterdrückte Sexus. Historische Texte zur Homosexualität. Lollar/Lahn 1977.

public or in private", also auch jede gewaltfreie, kein öffentliches
Ärgernis erregende homosexuelle Handlung zwischen Erwachsenen,
mit einer Höchststrafe von zwei Jahren Zuchthaus geahndet. Dieses
Gesetz und diese Höchststrafe waren es dann auch, denen Wilde
zehn Jahre später zum Opfer fallen sollte.[22]
Je rigider und repressiver ein System ist, desto mehr zwingt es zu
Selbstverleugnung und Verdrängung, desto mehr aber fordert es
auch zum Protest heraus und treibt es heimliche Devianz und
schließlich offene Transgression hervor. So erwies sich auch das
System viktorianischer Sexualnormen und Geschlechtskodierungen,
sowohl was die „Subjection of Women", als auch was die Bekämp-
fung der Homosexualität betraf, als *counter-productive.* Gerade in der
zweiten Hälfte des 19. Jahrhunderts formierte sich auf beiden
Gebieten eine breite Gegenbewegung, und wieder, wie schon in der
Geschichte sozialistischer Bewegungen in England, markierten dabei
die 'Nineties eine besonders entscheidende und kritische Phase.
John Stuart Mills grundsätzliche und brillante kritische Analyse der
fatalen Polarisierung der Geschlechterrollen in seiner oben zitierten
Streitschrift über *The Subjection of Women* (1869) gab der Frauenbewe-
gung wichtige Anregungen und konnte ihrerseits auf Mary Woll-
stonecrafts *Vindication of the Rights of Woman* (1792) zurückgreifen.[23]
Sein Engagement galt dabei weniger der sexuellen, als der gesellschaftlichen und politischen Emanzipation der Frau, wenn er auch
den Zusammenhang zwischen diesen beiden Aspekten betonte.
Indem er nachwies, daß die angeblich natürliche sexuelle und soziale
Abhängigkeit der Frau das Produkt einer Ideologie ist, die sich auf
Natur beruft, um ihre sehr handfesten Herrschaftsinteressen zu
verschleiern, zeichnete er ein Agitations- und Aktionsprogramm vor,
das in den politischen Kämpfen um das Frauenwahlrecht weiterent-
wickelt wurde und in der militanten Suffragettenbewegung nach der
Jahrhundertwende gipfelte. Der Kampf um das Frauenwahlrecht war
Teil des größeren Kampfes um das allgemeine Wahlrecht, und
daraus ergab sich schon eine Überschneidung von sozialistischen
und feministischen Bewegungen, für die sich kritische Frauen wie
z. B. die bereits erwähnte Beatrice Webb in den achtziger und

---

[22] H. Montgomery Hyde (Hrsg.): The Trials of Oscar Wilde. London 1948,
S. 5, 179 u. 357.
[23] Vgl. dazu die Kontrastierung von Ruskin und Mill in Kate Millet: Sexual
Politics, Kap. C. II. Eine konzise Darstellung der Veränderung der Frauen-
rolle im ausgehenden 19. Jahrhundert bietet Carol Dyhouse: The role of
woman: from self-sacrifice to self-awareness. In: Laurence Lerner (Hrsg.):
The Victorians. London 1978, S. 174–192.

neunziger Jahren in gleichem Maße engagierten. Denn das soziale Engagement der Frau konnte sich nun nicht mehr auf die auch im *Dorian Gray* belächelten philanthropischen Slum-Besuche (vgl. Lady Agatha in Kap. II u. III) einengen und somit politisch neutralisieren lassen, sondern es nahm mehr und mehr konkrete parteipolitische oder gewerkschaftliche Formen an.

Damit entstand in den achtziger und neunziger Jahren ein neuer, aktiver, auf Selbstverwirklichung und Eigenständigkeit pochender Frauentyp, der im Diskurs der Zeit als *New Woman* programmatisch herausgestellt wurde.[24] In der Artikulation dieses Typs spielte die Literatur eine besondere Rolle: zum einen schon dadurch, daß vermehrt Frauen als Schriftstellerinnen ihre Kritik an sexueller und sozialer Bevormundung und ihre emanzipatorischen Ansprüche in Programmschriften (z. B. Emily Pfeiffers *Woman and Work;* 1888) oder fiktionalen Werken (z. B. Olive Schreiners *The Story of an African Farm;* 1883 und George Egertons *Keynotes* und *Discords*; 1893 u. 1894) öffentlich vertraten; zum anderen aber auch dadurch, daß die „Frauenfrage" nun auch verstärkt von männlichen Schriftstellern thematisiert wurde. Einen entscheidenden Impuls gab dabei die Ibsen-Rezeption. Die englische Erstaufführung von *A Doll's House* 1889 in London löste eine heftige Kontroverse aus, und der Knall der Tür, die Nora hinter sich und ihrem Puppenheim zuschlägt, sollte durch die ganze Publizistik der 'Nineties hallen. In *The Quintessence of Ibsenism* (1891) ergriff Shaw prompt und pointiert Partei und brachte die *New Woman* auf den provozierenden Begriff der „Unwomanly Woman", begrüßte also an der *New Woman* gerade, was die Viktorianer am meisten verstörte, nämlich das Durchbrechen der Geschlechterpolarisierung. Insofern brachte die Frauenbewegung einen Typ hervor, der sich zu den Homosexuellen und den effeminierten Ästheten und Dandies komplementär verhält: Hier wie dort wird die rigide Dichotomie von Männlich und Weiblich subversiv in Frage gestellt.[25]

Es verwundert wohl nicht, daß Wilde, im Gegensatz zu Shaw oder Grant Allen (*The Woman Who Did;* 1895), mit der politischen und rechtlichen Emanzipation der Frauen nur wenig im Sinn hatte. Seine editorische Tätigkeit für das Frauenmagazin *The Woman's World* war Fragen der Mode, der Innenarchitektur und des Kunstgewerbes

---

[24] Vgl. dazu Eva Hesse / Michael Knight / Manfred Pfister: Der Aufstand der Musen. Die ‚Neue Frau' in der englischen Moderne. Passau 1984.

[25] Vgl. zu diesem Komplementärverhältnis Andreas Höfele: Dandy und New Woman. In: Pfister/Schulte-Middelich (Hrsg.): Die 'Nineties, S. 147–163.

gewidmet und blieb damit weitgehend im Rahmen viktorianischer Rollenzuweisungen, auch wenn sein Engagement für eine nicht nur schönere, sondern auch weniger einengende Kleidung und Möblierung als Beitrag zur praktischen Verbesserung der Situation der Frau gewertet werden kann. In seinen Gedichten und in der Salome-Tragödie dominiert dagegen die *femme fatale*, ein von der Romantik bis zum Fin de siècle mit neuer Dringlichkeit aktualisiertes archetypisches Schreckbild der Frau, die den Mann sexuell und existentiell bedroht.[26] Diese Mythisierung ist deutlich gegen-aufklärerisch — nicht Propagation weiblicher Eigenständigkeit, sondern Abwehrreaktion auf die neuen Ansprüche der Frau, die in dieser Ausgeburt verunsicherter „Männerphantasien" (Klaus Theweleit) dämonisiert werden. In der Welt des *Dorian Gray,* einer Welt verfeinerter Männlichkeit, spielt dieser Mythos keine Rolle, wie hier überhaupt den Frauen vor allem der untergeordnete Part von Opfern (Sibyl Vane), hysterisch schrillen Störfaktoren (7, 44, 80) oder komischen Nebenfiguren zugeschrieben wird. Eine Annäherung an den neuen Typ der selbständigen und intelligenten Frau findet sich, mit Sympathie gezeichnet, erst in den zusätzlichen Kapiteln XV, XVII und XVIII der Buchfassung. Die aristokratische Lady Narborough, „a very clever woman" und den „pleasures of French fiction, French cookery, and French *esprit*" hingegeben (175), und die schöne und gescheite Duchess of Monmouth verdanken zwar ihre Eigenständigkeit den Privilegien ihres gesellschaftlichen Ranges und zeigen auch keinerlei politisch-feministischen Veränderungswillen, doch deutet schon ihr schlagfertiger Witz im Dialog mit den Männern eine neue, selbstbewußte Ebenbürtigkeit an. Und es ist dieser Frauentyp, der neben dem Typ der *woman with a past* die Gesellschaftsstücke und noch *The Importance of Being Earnest* bestimmen wird. Damit ergibt sich für Wildes Spätwerk doch ein gewisser Bezug zur zeitgenössischen Diskussion um eine neue Rolle der Frau, wenn diese Bezugnahme auch nirgends in engagierte Parteinahme umschlägt.

Während diese Zurückhaltung gegenüber der Frauenemanzipation schon aus Wildes persönlicher Interessenslage heraus leicht einsehbar ist, verwundert doch zunächst, daß er auch der Homosexuellenemanzipation so wenig Interesse und Engagement entgegenbrachte. Erklärt sich das fehlende öffentliche Engagement vielleicht noch aus der notwendigen Diskretion des „angepaßten Rebellen" (Norbert

---

[26] Vgl. dazu die Materialsammlung — oder besser das Horrorkabinett — in Mario Praz: Liebe, Tod und Teufel. Die schwarze Romantik. München 1970, Kap. 4 („La Belle Dame sans Merci").

Kohl), so müssen die Ursachen dafür, daß er sich für die neuen Aufklärungskampagnen und die neue wissenschaftliche Diskussion um das Wesen der Homosexualität ersichtlich nicht interessierte, während doch seinem Werk die Züge einer homosexuellen Ästhetik so deutlich eingeschrieben sind, tiefer liegen.

Die 'Nineties waren ja auch die Gründerjahre dessen, was später Sexualwissenschaft genannt werden sollte.[27] In Deutschland hatte schon 1886 der Gerichtsmediziner Richard von Krafft-Ebing mit seiner *Psychopathia sexualis* ein umfassendes Kompendium zum Fetischismus, Sadismus, Masochismus und zur „conträren Sexualempfindung" (= Homosexualität) vorgelegt. Während hier diese devianten Verhaltensweisen noch ganz aus der Perspektive selbstsicherer Normalität einsinnig als Krankheit und Verbrechen diskutiert wurden, begann im England der neunziger Jahre Henry Havelock Ellis seine *Studies in the Psychology of Sex,* die das Selbstverständnis der Zeitgenossen sehr viel nachhaltiger erschütterten, da sie an differenziert analysierten Beispielen fremder Kulturen und an aktuellen Fallstudien nachwiesen, wie historisch variabel das angeblich Natürliche und Normale ist, wie fließend die Grenzen zwischen Normalität und Perversion sind, und daß auch Extremformen sexueller Devianz nichts anderes als Übersteigerungen von Instinkten und Emotionen sind, die im Kern allen innewohnen. Die Serie seiner 32 Untersuchungen, die erst 1936 mit einer Gesamtausgabe abgeschlossen wurde, eröffnete 1896 die Studie über Homosexualität, *Sexual Inversion* (bzw. *Die sexuelle Inversion,* da sie bezeichnenderweise zuerst in Deutschland veröffentlicht wurde).

Sexual Inversion war das Gemeinschaftswerk von Havelock Ellis und dem Kritiker John Addington Symonds, einer Schlüsselfigur der homosexuellen literarischen Szene. Dessen umfangreiche Übersetzertätigkeit (u. a. die griechischen Lyriker, Michelangelo und Benvenuto Cellini), kulturhistorische Schriften (vor allem die auch von Wilde rezensierte monumentale *History of the Renaissance in Italy;* 1875–86) und literaturkritische Arbeiten (etwa *Walt Whitman. A Study;* 1893) hatten schon seit den siebziger Jahren immer wieder Themen ins Zentrum gerückt, die ihm diskret den wissenschaftlichen Vorwand und Anlaß zu einer Apologie der Homosexualität boten. Erst in den 'Nineties wurde er jedoch zum offenen, wenn auch weiter seine eigene Person im Hintergrund haltenden Apologe-

---

[27] Vgl. dazu Edward M. Brecher: The Sex Researchers. Boston 1969; dts. Übers.: Vom Tabu zum Sex-Labor. Die erste Geschichte der Sexualforschung. Reinbek/Hamburg 1971, S. 21–98.

ten homosexueller Emanzipation, so z. B. in der als Privatdruck zirkulierenden Polemik *A Problem in Modern Ethics* (1891, im Jahr des *Dorian Gray* erschienen), in seinen noch unveröffentlichten Tagebüchern und in der anonym bleibenden Zusammenarbeit mit Havelock Ellis.[28] Er ging, wie der deutsche Jurist Karl Heinrich Ulrichs, von dem er stark beinflußt war, von der Existenz eines „dritten Geschlechts" aus, den „Urningen" bzw. „Uranians", denen ihre homosexuelle Geschlechtsorientierung eingeboren und damit für sie natürlich sei. Dies ist der Angelpunkt seines Kampfes gegen eine Gesetzgebung, die Homosexualität kriminalisiert, und eine Medizin, die sie pathologisiert. Gesellschaftliche Aspekte, wie etwa die *public schools* mit ihrer gleichgeschlechtlichen physischen Intimität und ihrer Verklärung des Griechentums, und psychologische, wie etwa identifikationsgestörte Entwicklungsprozesse beim Kind, wurden zwar von ihm als Bedingungsfaktoren durchaus mitgesehen, jedoch, im Gegensatz zu Freuds späterer Theorie der Homosexualität (s. o. III. 2), als sekundär gegenüber dieser primären Vorprägung erachtet.

Ähnlich argumentierte auch Edward Carpenter, der freimütigste und engagierteste Vorkämpfer homosexueller Emanzipation der Zeit, in *Homogenic Love* (1894).[29] Auch für ihn ist Homosexualität eine durchaus natürliche Prägung und kein Symptom von Dekadenz und Degeneration, zu dem sie erst durch die gesellschaftliche Exorzierung wird. Sie ist vielmehr eine starke und reine Leidenschaft, die er, wie Symonds, mit den heroischen „Dorians" (s. o. III. 3), mit der Männlichkeit Michelangelos und mit Whitmans Ideal der „comradeship" verbindet. Im Gegensatz zu Symonds und den „Uranians" um den Dichter und späteren katholischen Priester John Gray und dessen Freund Mark André Raffalovich (*Uranisme et Unisexualité;* 1896) betont er jedoch nicht die besondere ästhetische Sensibilität der Homosexuellen, sondern gerade „the political significance of this kind of love": Da sich diese Liebe körperlich nie so frei und vollkommen ausdrücken könne wie die heterosexuelle, spielen in ihr emotionale Bindungen und Idealisierungen eine größere Rolle; diese schießen über in den gesellschaftlichen Bereich, wo sie Freiheitsliebe und demokratische Solidarität anregen können. Eine Gesellschaft, die die gleichgeschlechtliche Liebe verfolgt, schadet damit nicht nur

---

[28] Zentrale Abschnitte aus *A Problem in Modern Ethics* finden sich in der Anthologie Sexual Heretics. Male Homosexuality in English Literature from 1850 to 1900. Hrsg. von Brian Reade. London 1970, S. 248–285.
[29] Sexual Heretics, S. 324–347.

den Homosexuellen, sondern auch sich selbst, indem sie eine der Quellen ethischer Erneuerung abblockt:

> [...] just as the ordinary sex-love has a special function in the propaga-
> tion of the race, so the other love should have its special function in
> social and heroic work, and in the generation − not of bodily children −
> but of those children of the mind, the philosophical conceptions and
> ideals which transform our lives and those of society.[30]

So überzogen diese Argumentation auch erscheinen mag, so ist ihr doch eine aufklärerisch-emanzipatorische Grundhaltung nicht abzusprechen. Symonds wie Carpenter ging es um eine wissenschaftliche Erforschung der Homosexualität, um die Zerstreuung jener Vorurteile, die einer repressiven Gesetzgebung zugrundeliegen, und um die Integration des Homosexuellen in die Gesellschaft. Genau in dieser Grundhaltung und in diesen Intentionen unterschied sich jedoch Wilde von ihnen, wie Symonds selbst schon in einer kritischen Anmerkung zum *Dorian Gray* verdeutlichte, der „the worst suspicions of the uniformed" nur bekräftigen würde.[31] Allzu reduktionistisch sind hierzu freilich Ansätze, die dies einfach auf Wildes Mangel an Mut zurückführen wollen. Dies gilt für Joyces Kritik am *Dorian Gray* („If he had had the courage to develop the allusions in the book it might have been better.")[32] ebenso wie für die Kate Milletts („Das Buch wäre um Haaresbreite der erste wichtige homosexuelle Roman geworden. Aber Wilde war zu eingeschüchtert, um Dorians wirkliches ‚Verbrechen' zu nennen.").[33] Wilde ging es eben gerade nicht um Aufklärung, sondern um die Mythisierung und Ästhetisierung der Homosexualität; sein Ziel war gerade nicht die Naturalisierung, Normalisierung, Exkulpierung und gesellschaftliche Integration des Homosexuellen, da dies ja den raffinierten Reiz des Verbotenen, Widernatürlichen und Aparten zerstört und der Transgression ihre provozierende Geste genommen hätte. Homosexualität war ihm, über das Geschlechtliche hinausgehend, ideolo-

---

[30] Sexual Heretics, S. 341 u. 343.
[31] Zitiert nach Rupert Croft-Cooke: Feasting With Panthers. A New Consideration of Some Late Victorian Writers. London 1967, S. 157. − Bezeichnend ist, daß sich Wilde 1896 in einem Brief an den Home Secretary aus dem Gefängnis von Reading mit dem Bild des Degenerierten, das Max Nordau von ihm gezeichnet hatte (s. o. I. 2), ausdrücklich identifizierte (L 402).
[32] Zitiert nach Karl Beckson (Hrsg.): Oscar Wilde. The Critical Heritage. London 1970, S. 269.
[33] Kate Millett: Sexus und Herrschaft. München 1971, S. 209.

gisch und ästhetisch als ein Signum des Besonderen besetzt, in dem sich seine Aversion gegenüber demokratischer Gleichmacherei, platter Alltäglichkeit und funktionaler Rationalität bündelte. Daraus erklärt sich auch das unvermittelte Nebeneinander der zwei so gegensätzlichen Bilder der Homosexualität im *Dorian Gray* — ihre Mythisierung zur unaussprechlichen Perversion und zum namenlosen Verbrechen in der faustischen Fabel und ihre Ästhetisierung zur Kunstutopie in den Konversationsszenen. Beruht das erste Bild auf einer angstbesetzten Internalisierung viktorianischer Normen, so reproduziert das zweite das Selbstverständnis des androgynen Ästheten, der seine sexuelle Inversion durch seine ästhetische Sensibilität zu legitimieren und gesellschaftlich akzeptabel zu machen versucht. Gegenüber den aufgeklärteren und politisch engagierten Positionen eines Edward Carpenter oder, in Deutschland, eines Magnus Hirschfeld, des Begründers des „Wissenschaftlich-Humanitären Komitees" (1897 ff.) und des „Instituts für Sexualwissenschaft" (1919 ff.) und des Herausgebers des *Jahrbuchs für sexuelle Zwischenstufen* (1899 ff.), stellen beide Bilder ein Ausweichen in reaktionäre Phantasiewelten dar. Wildes Werk konnte damit der weiteren Entwicklung sexualwissenschaftlicher Reflexion und sexualemanzipatorischer Aktion unmittelbar keine Denkanstöße geben, wenn auch seine Biographie und der Zusammenhang von Werk und Leben als signifikanter Fall in diesem Kontext weiterwirkte (s. o. I. 2).

3. Zum literaturhistorischen Kontext: Ästhetizismus, Symbolismus, Dekadenz

Max Nordau (s. o. I. 2) wußte es noch besser als spätere Literaturhistoriker, als er in seiner in jeder Hinsicht „starken" Streitschrift über *Entartung* (1892; *Degeneration*, 1895) das noch zusammensah, was später zum bloß zufällig Gleichzeitigen auseinandergerissen wurde. Er und die meisten seiner schockierten Zeitgenossen vermochten in der provozierenden Devianz von bürgerlichen Vorstellungen des Normalen und Sittlichen noch den inneren Zusammenhang zwischen Ästhetizismus, Symbolismus und Dekadenz auf der einen und Naturalismus und emanzipatorischer Sozialkritik auf der

anderen Seite zu sehen.[34] Wir können uns diesem Ansatz an-
schließen, ohne freilich Nordaus geharnischte Wertungen zu
übernehmen, und wollen, im Gegensatz zu den meisten Studien
zum englischen Fin de siècle, zu den „Yellow", „Romantic" oder
„Naughty" 'Nineties[35], die Wilde-Ära nicht auf jene Bündelung
antirealistischer, antinaturalistischer und anti-didaktischer Tendenzen reduzieren, die gemeinhin damit ausschließlich assoziiert
werden.

Innerhalb dieser Ära konkurrieren als unterschiedliche Reaktionen
auf die historische Situation eine Reihe von kunst- und literaturtheoretischen Paradigmen, deren dialektischen Zusammenhang die
beiden Gegensatzpaare von Gesellschaftsabkehr und Gesellschafts-
zuwendung und von Affirmation und Kritik andeuten können.[36]

---

[34] Zu Nordau, vor allem auch seine Rezeption in England, vgl. R. K. R.
Thornton: The Decadent Dilemma. London 1983, S. 63−67.

[35] Zum englischen und europäischen *Fin de siècle* vgl. David Cecil: Fin de
Siècle. Ideas and Beliefs of the Victorians. London 1950; Lothar Hönnig-
hausen: Präraphaeliten und Fin de Siècle: Symbolistische Tendenzen in
der englischen Spätromantik. München 1971; Ruth Z. Temple: Truth in
Labelling: Pre-Raphaelitism, Aestheticism, Decadence, Fin-de-Siècle. In:
English Literature in Transition 17 (1974) S. 201−222; Helmut Kreuzer
(Hrsg.): Jahrhundertende − Jahrhundertwende I. Wiesbaden 1976; Hans
Hinterhäuser (Hrsg.): Jahrhundertende − Jahrhundertwende II. Wiesbaden
1976; Roger Bauer u. a. (Hrsg.): Fin de siècle. Zu Literatur und Kunst der
Jahrhundertwende. Frankfurt 1977; Hans Hinterhäuser: Fin de siècle.
Gestalten und Mythen. München 1977; Jens Malte Fischer: Fin de siècle.
Kommentar zu einer Epoche. München 1978; Viktor Žmegač: Deutsche
Literatur der Jahrhundertwende. Königstein/Ts. 1981. − Zu den *'Nineties*
vgl. Holbrook Jackson: The Eighteen Nineties. A Review of Art and Ideas
at the Close of the Nineteenth Century. London 1913 u. ö.; Bernard
Muddiman: The Men of the Nineties. London 1920; Osbert Burdett: The
Beardsley Period. An Essay in Perspective. London 1925; Richard Le
Gallienne: The Romantic '90s. London 1926; Francis Winwar: Oscar
Wilde and the Yellow Nineties. Garden City/N.Y. 1940; Herbert E. Ger-
ber: The Nineties: Beginning, End or Transition? In: Edwardians and Late
Victorians. Hrsg. von Richard Ellmann. New York 1960, S. 50−79; Ian
Fletcher: The 1890's: A Lost Decade. In: Victorian Studies 4 (1960/61)
S. 345−354; Jean Wilson: The ‚Nineties' Movement in Poetry: Myth or
Reality?. In: Yearbook of English Studies 1 (1971) S. 160−174; Ian
Fletcher (Hrsg.): Decadence and the 1890s. London 1979; Manfred Pfister
/ Bernd Schulte-Middelich (Hrsg.): Die 'Nineties. Das englische Fin de
siècle zwischen Dekadenz und Sozialkritik. München 1983; Ivo Vidan:
Anfänge im Fin de Siècle. In: Epochenschwellen und Epochenstrukturen
im Diskurs der Literatur- und Sprachhistorie. Hrsg. von Hans Ulrich
Gumbrecht / Ursula Link-Heer. Frankfurt 1985, S. 178−194.

[36] Vgl. dazu Manfred Pfister / Bernd Schulte-Middelich: Die 'Nineties in
England als Zeit des Umbruchs. In: Die 'Nineties, S. 19−21.

Ästhetizismus, Symbolismus und Dekadenz beruhen primär auf einer Ausgrenzung des Ästhetischen und der ästhetisierten Existenz aus der Gesellschaft, während auf der anderen Seite die *counter-decadence* um William Ernest Henley und Rudyard Kipling[37] das herrschende gesellschaftliche Selbstverständnis verklärt bzw. ein sozialkritischer Realismus oder analytischer Naturalismus vor allem im Bereich von Kurzgeschichte, Roman und Drama sich engagiert den gesellschaftlichen Widersprüchen und Mißständen zuwendet. Gerade in dieser Polarität und Spannung liegt jedoch die dialektische Einheit der Epoche begründet, was sich schon daran zeigt, daß über die Gegensätze hinweg sich Entsprechungen und Überschneidungen aufdrängen. Wir brauchen hier nur auf den Begriff zu bringen, was wir im Rahmen unserer *Dorian Gray*-Interpretation wiederholt konkretisiert haben. Sowohl Ästhetizismus, Symbolismus und Dekadenz als auch der Naturalismus sind in ihrer gesellschaftlichen Orientierung anti-bürgerlich, wenn auch mit unterschiedlichen Normenvorstellungen — rückwärtsgewandt aristokratischen einerseits, sozialistischen oder zumindest liberal-sozialreformerischen andererseits. Und auf beiden Seiten werden, wenn auch mit unterschiedlicher Motivation, dieselben neuen Wirklichkeitsbereiche der Kunst erschlossen: Die Naturalisten und Sozialaufklärer loten die Tabubereiche des Sexuellen, der Homosexualität und krimineller Randzonen um der gesellschaftlichen Wahrheit willen aus, die Décadents, weil sie sich dort neue und raffinierte Reizungen versprechen. Ebenso spielt die Exotik ferner Räume auf beiden Seiten eine wichtige Rolle, die bei Kipling und Joseph Conrad etwa auf das Sendungsbewußtsein der viktorianischen Gesellschaft bezogen ist, während sie im Rahmen von Ästhetizismus und Dekadenz die künstlichen Paradiese interessanter Fluchträume aus der Gesellschaft anbietet.

Angesichts dieser Entsprechungen im Rahmen von Gegensätzen überrascht es nicht, daß sich die gegenläufigen Tendenzen innerhalb des Gesamtwerks einzelner Autoren, ja selbst innerhalb einzelner Werke spannungsreich und widersprüchlich überschneiden. Die Ästheten Morris und Wilde sind, wie wir gesehen haben, gleichzeitig Gesellschaftskritiker mit mehr oder weniger klar durchdachten sozialistischen Vorstellungen, wie überhaupt Ästhetizismus, Symbolismus und Dekadenz gerade in ihrer Gesellschaftsabkehr immer schon, zumindest implizit und ex negativo, ihre gesellschaftskriti-

---

[37] Vgl. dazu Jerome H. Buckley: William Ernest Henley in the ‚Counter-Decadence' of the 'Nineties. Princeton/N. J. 1945.

schen Aspekte haben. Und andererseits ist etwa George Moore, einer der wenigen Vertreter eines konsequenten, an Zolas Vorbild geschulten Naturalismus in England, gleichzeitig ein Dandy und ästhetizistischer Träumer, wie vor allem seinen autobiographisch-selbststilisierenden *Confessions of a Young Man* (1886) zu entnehmen ist.[38] Wildes Kunst- und Dichtungstheorie und die in ihr eingeschlossene Lebensprogrammatik stehen, wie wir in unserer Interpretation des *Dorian Gray* an vielen Details gezeigt haben, in stilgeschichtlichen und poetologischen Traditionszusammenhängen, die schon von den Zeitgenossen mit den Begriffen Ästhetizismus, Symbolismus und Dekadenz umschrieben wurden. Zusammengenommen bezeichnen diese ein Syndrom von Einstellungen, deren gemeinsamer Nenner eine weitgehende Entbindung der Kunst aus der Pflicht ist, (äußere) Wirklichkeit darstellen und moralische oder gesellschaftliche Aufträge erfüllen zu müssen. Eine solche Kunst versteht sich als a-mimetisch, anti-didaktisch, a-moralisch und anti-utilitaristisch, oder — ins Positive gewendet — als autonom und autotelisch und damit von besonderer Würde, ja Weihe. Da die Begriffstrias unterschiedliche Akzentuierungen desselben Syndroms entfaltet, sind die Grenzen zwischen den Begriffsinhalten fließend und lassen sich die durch sie bezeichneten Tendenzen auch nicht in ein einsinniges begriffsgeschichtliches Schema bringen.[39] Wir beginnen mit dem Ästhetizismus als dem allgemeineren und auch früher kursierenden Begriff, vergleichen diesen mit dem besonders eng verwandten Begriff des Symbolismus und setzen davon dann den Dekadenz-Gedanken als eine Sonderausprägung innerhalb dieser Tendenzen ab.

Der spätviktorianische *Ästhetizismus* war in Teilaspekten schon in der Kunsttheorie der Romantik angelegt, vor allem im Symbolbegriff von Blake, Wordsworth, Coleridge und Carlyle und im Kult der Schönheit und der ästhetischen *pleasure,* auf den die Dichtung und Poetik des auch von Wilde besonders geschätzten Keats ver-

---

[38] Vgl. dazu Graham Hough: George Moore and the Nineties. In: Edwardians and Late Victorians, S. 1—27.

[39] Vgl. dazu Monika Lindner: Ästhetizismus, Dekadenz, Symbolismus. Englische Wurzeln und französische Einflüsse. In: M. Pfister / B. Schulte-Middelich (Hrsg.): Die 'Nineties, S. 53—81. Zum Ort dieser Tendenzen innerhalb des Gesamtkontexts romantischer und viktorianischer Dichtungstheorie vgl William K. Wimsatt / Cleanth Brooks: Literary Criticism. A Short History. New York 1957, Part III und Lothar Hönnighausen: Grundprobleme der englischen Literaturtheorie des neunzehnten Jahrhunderts. Darmstadt 1977.

kürzt wurde (s. o. III. 2). Diese Anregungen wurden im kunsttheoretischen Diskurs des neunzehnten Jahrhunderts immer wieder aufgenommen und von Matthew Arnold, den Präraphaeliten um Dante Gabriel Rossetti, von John Ruskin, Walter Pater und Algernon Charles Swinburne gegen die viktorianische Orthodoxie einer einseitig auf gesellschaftliche Normen und moralische Inhalte verpflichteten Kunst ausgespielt. Entscheidend verstärkt wurden diese bereits in der heimischen Tradition angelegten Tendenzen einer Neubewertung von Schönheit und Form und einer Verselbständigung der Kunst zu einem eigengesetzlichen, von allen Fremdbestimmungen entbundenen Erfahrungsmodus in der zweiten Jahrhunderthälfte durch ausländische Einflüsse, hier vor allem den „poisonous honey stol'n from France" (Alfred Tennyson; 1873), die Lehren der französischen Parnaß-Dichter um Théodore de Banville, Théophile Gautier und Charles Baudelaire und deren Nachfolger wie Paul Verlaine und Stéphane Mallarmé.

Diese Neuorientierung an französischen Vorbildern war für die frankophobe viktorianische Kultur, der der Nachbar und machtpolitische Gegner jenseits des Kanals als Schreckbild laxer Moral und frivolen Esprits galt, an sich schon eine Provokation, unabhängig davon, ob nun das Importgut ästhetizistisch-symbolistischer oder naturalistischer Art war. Wie heftig die Irritation war, zeigt etwa Robert Buchanans Polemik gegen „The Fleshly School of Poetry" (*The Contemporary Review*, 1871), gegen die aus dem Paris Baudelaires durch Rossetti und Swinburne nach London verpflanzte „scrofulous school of literature", die „all that was most unwholesome from the soil of France", aufgesogen habe.[40] Hier, in dieser Krankheitsmetaphorik, sind schon jene kritischen Wertungsstereotypen vorgeprägt, die später dann gegen die Dekadenzliteratur und insbesondere gegen Wildes *Dorian Gray* ins Feld geführt werden sollten (s. o. II. 1).

Französisches Importgut ist schon das zentrale Schlagwort der ästhetizistischen Bewegung: *art for art's sake.* Gautier und Baudelaire hatten für dieses Prinzip des *l'art pour l'art,* das seine eigene platonisch-idealistische Vorgeschichte hat, bereits seit den dreißiger Jahren die pointiertesten Formulierungen gefunden, als Swinburne die Formel für den englischen Sprachraum in seinem Buch über William Blake 1868 erstmals nachprägte: „Art for Art's sake first of all, and afterwards we may suppose all the rest shall be added to her

---

[40] Zit. nach Enid Starkie: From Gautier to Eliot. The Influence of France on English Literature 1851–1939. London 1960, S. 49.

[. . .]."[41] Als Kampfruf meinte die Formel nicht nur die Freisetzung der Kunst von jedweder Fremdbestimmung, sondern — positiv — die Konzentration auf Probleme der Form und des Stils, auf handwerkliche Perfektion und eine vollkommene Schönheit, die dem Widerstand des Materials abgerungen wird. Inbegriff eines solchen selbstzweckhaft vollkommenen Kunstschönen sind etwa kunstvoll gestaltete Preziosen, wie sie Gautier programmatisch im Titel seines Gedichtbandes *Émaux et Camées* (1852) herausstellt. Indem die Vollkommenheit der Form die wesentliche positive Bestimmung des Ästhetizismus ist, steht diese Kunstkonzeption von Anfang an in der Gefahr, in der ästhetischen Praxis zur raffinierten Formspielerei oder zur kunstgewerblich dekorativen Ornamentik zu verkommen. Dies geschah auch sehr schnell bei den englischen Parnaß-Epigonen der siebziger und achtziger Jahre, etwa bei William Ernest Henley und Austin Dobson, deren Banville- und Gautiernachfolge sich oft im *bric-à-brac* der Tändelei mit preziösen Versformen erschöpfte, wobei diese Schwundform des Ästhetizismus ganz des ursprünglichen sozialkritischen Impetus, der Geste des Sich-Verweigerns gegenüber gesellschaftlichen Ansprüchen von Nützlichkeit und Moral, verlustig ging und sich nahtlos in die „Nippes-Ästhetik" des viktorianischen Bürgertums einfügte.[42] Davon sind auch die Gedichte des frühen Wilde nicht frei, und auch seine frühe kunsttheoretische Programmatik, etwa in „The English Renaissance of Art" (1882)[43], trägt Spuren dieser Verflachung des Ästhetizismus ins Kunstgewerbliche.[44]

---

[41] Und Wilde nimmt dies auf in „The English Renaissance of Art": „Love art for its sake, and then all things that you need will be added to you." Zitiert nach Eric Warner / Graham Hough (Hrsg.): Strangeness and Beauty, Bd. 1, S. 237 u. Bd. 2, S. 133. — Zum Prinzip des *art for art's sake* vgl. Louise Rosenblatt: L'Idée de l'art pour l'art dans la littérature anglaise pendant la période Victorienne. Paris 1931; John Wilcox: The Beginnings of l'art pour l'art. In: Journal of Aesthetics and Art Criticism 11 (1952/53) S. 360—377; Irving Singer: The Aesthetics of ,Art for Art's Sake'. In: Journal of Aesthetics and Art Criticism 12 (1953/54) S. 343—359.
[42] Vgl. dazu James K. Robinson: A Neglected Phase of the Aesthetic Movement: English Parnassianism. In: PMLA 68 (1953) S. 733—754.
[43] Strangeness and Beauty. Bd. 2, S. 124—134.
[44] Zum Ästhetizismus bei Wilde vgl. Aatos Ojala: Aestheticism and Oscar Wilde. 2 Bde. Helsinki 1954/55. — Eine konzise Einführung in die Probleme und Geschichte des Ästhetizismus bietet R. V. Johnson: Aestheticism. London 1969; daneben sind immer noch als die beiden klassischen Studien dazu schon wegen ihres Materialreichtums lesenswert: Friedrich Brie: Ästhetische Weltanschauung in der Literatur des neunzehnten Jahrhunderts. Freiburg 1921 und Albert J. Farmer: Le Mouvement

143

Dieser Verflachung konnte sich der Ästhetizismus in Frankreich und England in dem Maße entziehen, in dem er seine provozierende Verweigerungsgeste immer neu pointierte, seine Unterordnung des Inhalts unter die Form zur Unterordnung des Lebens unter die Kunst, ja des Natürlichen unter das Artifizielle steigerte und seinem Begriff von Schönheit durch die Beimengung des Befremdlichen, ja Mysteriösen oder gar Monströsen (s. o. III. 5) ein weiteres Irritationspotential erschloß. Darin liegen aber auch schon die Ansätze zur Weiterentwicklung des ästhetizistischen zum *symbolistischen* — und auch zum dekadenten — Kunstparadigma, wobei es, vor allem in unserem Kontext, müßig ist zu fragen, ob Baudelaire und Verlaine schon Symbolisten waren, oder erst Mallarmé. Diese Veränderung des Paradigmas läßt sich am Wechsel der Kunstgattungen sinnfällig machen, die der Dichtung zum Vorbild gemacht wurden: War das im Ästhetizismus die Preziosenkunst der Goldschmiede, Juweliere und Steinschneider, so rückt nun mehr und mehr die Musik in den Mittelpunkt. Verlaine beginnt sein Gedicht „Art poétique" (aus *Jadis et Naguère;* 1885) mit dem Vers: „De la musique avant toute chose"; Pater generalisiert diesen Gedanken in „The School of Giorgione" (1877) zu: „All art constantly aspires towards the condition of music." Wilde folgt ihm hierin fast wörtlich in „The English Renaissance of Art" — „music is the art in which form and matter are always one, [. . .], the art which most completely realises the artistic ideal, and is the condition to which all the other arts are constantly aspiring" — und noch im „Preface" zum *Dorian Gray:* „From the point of view of form, the type of all the arts is the art of the musician" (XXIII).[45] Die Musik konnte zur Inkarnation des symbolistischen Kunstideals werden, weil sie nicht nur das ästhetizistische Programm einer reinen, a-mimetischen Formkunst einlöst, sondern darüber hinaus der Kunst eine neue Aussagedimension eröffnet, die der Suggestion von hochdifferenzierten, ja esoterischen Bewußtseinszuständen und Stimmungslagen (*états d'âme* bzw. *moods;* s. o. III. 4) bzw. der geheimnisvoll symbolischen Evokation des Idealen und Transzendenten. Der Dichter wird damit zu einem subtilen Komponisten von Klängen und Bildern, in denen er die feinsten Nuancen seiner reizbaren, der gesellschaftlichen Realität entfremdeten Sensibilität beschwört bzw. zum hieratischen Seher, dessen Schau jene immanente, positivistisch gegebene Wirklichkeit transzendiert, der

Esthétique et Décadent en Angleterre 1873—1900. Paris 1931. Die Studie von Wolfgang Iser: Walter Pater: Die Autonomie des Ästhetischen. Tübingen 1960 ist ebenfalls von grundsätzlicher Relevanz.
[45] Strangeness and Beauty. Bd. 2, S. 27 u. 133.

seine Zeitgenossen — Bürger, Wissenschaftler und Technologen — verfallen sind.[46] Unsere Formulierungen deuten bereits an, daß das symbolistische Paradigma ein Spektrum von Positionen abdeckt, die von einer Symbolkunst des subjektiv erfahrenen Augenblicks (etwa bei Pater) bis zum Symbolismus einer überzeitlichen, transzendenten Wahrheit und Wirklichkeit (im England der 'Nineties vor allem beim frühen Yeats) reichen. Gemeinsam ist ihnen jedoch der sakrale Status, der dem Künstler, dem Kunstschaffen und dem Kunstwerk hier in einer als säkularisiert erfahrenen Welt überschrieben wird, und gemeinsam sind ihnen auch bestimmte künstlerische Verfahren wie die Auflösung und Vermengung der Sinnesbereiche (Synästhesie) und der Kunstarten *(transposition d'arts)*, die der Intensivierung der Erfahrung und der Transzendierung der Wirklichkeit dienen.

Die provozierendste und schockierendste, aber auch die theatralischste Form dieses Protests gegen den herrschenden Positivismus und Utilitarismus stellt das Kunst- und Lebensmodell der *Dekadenz* dar, in dem der ästhetische und symbolistische Amoralismus in einen flagranten·Immoralismus umschlägt und der Kult des Künstlichen zur Feier des Widernatürlichen radikalisiert wird. Unmittelbarer Angriffspunkt sind dabei das optimistische Selbstverständnis und der Fortschrittsglaube der Epoche.[47] In dem Maß, in dem diese die immer stärker zutage tretenden gesellschaftlichen Widersprüche nicht mehr zu verdecken vermögen und der kulturelle Verschleiß unübersehbar wird; in dem Maß, in dem sich das ästhetisch sensible Subjekt von der Gesellschaft entfremdet, fremdbestimmt und in eine Randposition abgedrängt sieht; und in dem Maß schließlich, in dem das fetischisierte Fin de siècle näherrückt, wachsen gerade bei der literarischen Intelligenz Untergangsstimmungen und das Bewußtsein, in einer Spät- und Endzeit zu leben (s. o. III. 2). Zu den geistesgeschichtlichen Motivlieferanten dieser Vorstellungen gehören sowohl religiös-eschatologische Mythen als auch antike und neuzeitliche Mythen über den Verlust eines Goldenen Zeitalters oder den zyklischen Aufstieg und Niedergang von Kulturen — Mythen, die

---

[46] Zum Symbolismus in Frankreich und England vgl. Ruth Temple: The Critic's Alchemy: A Study of the Introduction of French Symbolism into England. New York 1953.

[47] Vgl. dazu Jerome H. Buckley: The Triumph of Time. A Study of the Victorian Concepts of Time, History, Progress and Decadence. Cambridge/Mass. 1966 und die Beiträge von K. Ludwig Pfeiffer: Fin de siècle und Endzeitbewußtsein, und Manfred Pfister: Endzeit und Augenblick in: Die 'Nineties, S. 35–52 u. 358–376.

durch begierig aufgenommene kulturpessimistische Hypothesen (Schopenhauer, Nietzsche) und Theorien der individuellen und gesellschaftlichen Degeneration (Lombroso, Nordau) neue Nahrung erhalten.

Dabei war es eine Frage des Standpunktes des Beobachters, welche Erscheinungen der Gegenwart als Zeichen des Verfalls und der Dekadenz galten und welche positiven oder negativen Wertungen sich mit dem Begriff der Dekadenz verbanden. Zunächst war dieser Begriff ja eindeutig negativ besetzt und wurde, wie der verwandte Begriff der Entartung oder Degeneration, der vor allem durch Nordau popularisiert wurde, als polemische Formel selbstgerechter Robustheit gegen die Kunst und Lebenspraxis der Ästhetizisten und Symbolisten gewendet. Diese drehten jedoch oft den Spieß um und verwarfen im Gegenzug, wie etwa Nietzsche, die Instinktfeindlichkeit der christlichen Moral, oder, wie Wilde und Yeats, viktorianischen Positivismus und Materialismus als die eigentliche Dekadenz.[48]

In einer noch radikaleren Umwertung endzeitlichen Bewußtseins, die auch Wilde nachvollzieht, erscheint dieses nicht mehr primär als Erfahrung eines Verlusts und Entzugs, als Anlaß zu elegischer Klage, sondern als die Möglichkeit einer intensivierten, ja potenzierten Existenz. Damit kann der Begriff der Dekadenz in ein identifikatorisches Wertprädikat umgewendet, kann er vom polemischen Schimpfwort zum positiven Programm umgemünzt werden. Diese dialektische Wendung vollzog sich zuerst in Frankreich, wo schon 1868 Gautier in seinem Vorwort zur postumen Ausgabe von *Les Fleurs du mal* Baudelaire als „décadent" feierte und 1886 Anatole Baju eine literarische und kulturkritische Zeitschrift mit dem provozierenden Titel *Le Décadent* gründen konnte. Nach England, durch Walter Paters theoretische Schriften — etwa das „Preface" zum *Renaissance*-Buch (1873), das sich des Begriffs schon im positiven Sinne bedient — bereits darauf vorbereitet, wurde diese Tendenz vor allem durch den Literaturtheoretiker und Lyriker Arthur Symons vermittelt, der sie 1893 in dem Aufsatz „The Decadent Movement in Literature" interpretierte.[49]

---

[48] Zu Nietzsches „Kritik an der *décadence*-Moral" vgl. Werke. Hrsg. von Karl Schlechta. Bd. 2. München 1954, S. 1010. Nietzsches Dekadenzbegriff ist allerdings wesentlich facettenreicher, als wir das hier auch nur andeuten können. — Zu Wilde vgl. CW 978; zu Yeats vgl. The Autumn of the Body, in: Essays and Introductions. London 1961, S. 191.

[49] Zur Geschichte des Dekadenzbegriffs vgl. Alfred E. Carter: The Idea of Decadence in French Literature 1830–1900. Toronto 1958; Richard

Spätzeitliches Sein heißt nun, ins Positive gewendet, als elitärer Einzelner in gebrochen-heroischem Pathos die Last einer überreichen Vergangenheit zu tragen, nur noch im Zitat die Summe der Erfahrungen der Menschheit durchspielen zu können und sich mit früheren Perioden des Verfalls und Niedergangs, etwa dem spätrömischen Kaiserreich oder dem Ende von Byzanz, zu identifizieren. Eine solche Existenz erlaubt kein naives, spontanes Handeln mehr, ist „too languid for the relief of action" und treibt eine „intense self-consciousness" hervor. Sie ist bedingt durch eine biologisch-vitale Erschöpfung und führt zu einer neurasthenischen, überreizten und subtil nuancierten Sensibilität. Hier eröffnen sich keine „fresh woods, and pastures new" mehr, dafür aber bieten sich ungeahnte Verfeinerungen an, „an over-subtilizing refinement upon refinement". Eine „restless curiosity in research" drängt hin zum Abseitigen, Exotischen, Widernatürlichen und Tabuisierten, zur „spiritual and moral perversity", da alle normalen Erfahrungen schon ausgeschöpft und moralische Normen außer Kraft gesetzt sind. In spätzeitlichem Verfall lösen sich bislang feste Grenzziehungen, Normensysteme und Kategorienbildungen, und die changierenden Zwischenbereiche und Übergangszonen, die dabei entstehen, werden zum Stimulus raffinierter *noveaux frissons,* lassen den Zerfallsprozeß selbst zum „new and beautiful and interesting disease" werden.[50]

Gerade weil Symons' Programmschrift nicht originell ist, sondern die Summe früherer Reflexionen und Formulierungen seit Gautier zieht, kann sie schlaglichtartig die Epochentypik der Situation erhellen, in die Wilde seinen Dorian Gray und, ihm als Vorbild dienend, Huysmans seinen Duc Jean des Esseintes (*À rebours;* 1884) brachte.[51] Beider Existenz, gefangen im Teufelskreis von hektischer

Gilman: Decadence. The Strange Life of an Epithet. New York 1979; Ian Fletcher (Hrsg.): Decadence and the 1890s. London 1979; R. K. R. Thornton: The Decadent Dilemma. London 1983, v. a. Kap. 1 u. 2 — Definitionsversuche bieten Clyde de L. Ryals: Towards a Definition of ‚Decadent' as Applied to British Literature in the Nineteenth Century. In: Journal of Aesthetics and Art Criticism 17 (1958) S. 85—92 und C. de Deugd: Towards a Comparatist's Definition of ‚Decadence'. In: Comparative Poetics (1975) S. 33—50. — Eine Geschichte der englischen Dekadenz anhand ihrer Hauptvertreter versucht Barbara Charlesworth: Dark Passages: The Decadent Consciousness in Victorian Literature. Madison/Wisc. 1965.

[50] Arthur Symons: The Decadent Movement in Literature; zitiert nach: Strangeness and Beauty, Bd. 2, S. 236—239, hier S. 236.

[51] Zum „Dekadenz-Roman" vgl. Richard A. Long / Iva G. Jones: Towards a Definition of the ‚Decadent Novel'. In: College English 22 (1961) S. 245—249.

Suche und *ennui,* von Verfeinerung des ästhetischen Genusses und Verschleiß der Genußfähigkeit, von Kult des Ich und Ich-Verlust, scheitert, und sie scheitert zwangsläufig. Damit sind beide Bücher kein dekadentes „manual of conduct, but a picture of the Decadent Dilemma"[52], sind sie gleichzeitig Programm und Selbstkritik eines Lebens- und Kunstprojekts, das unrealisierbar ist und beim Versuch seiner Realisierung notwendigerweise ins Gegenteil des Intendierten umschlagen muß. Daher eignet auch diesen fiktiven Darstellungen der Dekadenz — ja schon deren theoretischen Proklamationen — ein Unterton forcierten Theaterdonners, der an sich bereits eine gewisse Distanznahme und Selbstironie impliziert und damit das Geschäft der Parodisten des *Punch* bis zu einem gewissen Grad vorwegnimmt. Wilde selbst hat von vornherein Distanz zur Schule selbsternannter Dekadenter gehalten und z. B. von der Zeitschriftenfassung bis zur Buchfassung des *Dorian Gray* den plakativen Verweis auf die „French School of *Décadents*", der das „yellow book" entstamme, zu einem Verweis auf die „Symbolistes" (125) abgeschwächt.[53] Er nahm in der diskreten Tilgung dieses Reizwortes vorweg, was dann Symons öffentlich nachvollziehen sollte: Der Propagator der „Decadent Movement in Literature" wird 1899 in seiner groß angelegten Studie über *The Symbolist Movement in Literature* verkünden, daß die dekadente Bewegung nichts als ein „interlude, half a mock-interlude", war, das die Aufmerksamkeit der Kritiker ablenkte, „while something more serious", nämlich der Symbolismus, „was in preparation"[54].

Wildes kunsttheoretischen Reflexionen und auch der immanenten Poetik des *Dorian Gray* haben sich diese unterschiedlichen Paradigmen des Ästhetizismus, Symbolismus und der Dekadenz in einem spannungsreichen und widersprüchlichen Synkretismus alle eingeschrieben, zusammen mit den negierten Antithesen einer den herrschenden Moralnormen verpflichteten Kunst, eines emanzipatorisch engagierten Realismus und eines wissenschaftlich analytischen Naturalismus. Wenn dadurch Wildes Werk gerade nicht zur schlüssigen Synthese, sondern zur „dialogischen" Inszenierung der kunsttheoretischen Diskussion im ausgehenden neunzehnten Jahrhundert gerät, so sind diese Vielfalt der Standpunkte und die immer wieder auftretenden Widersprüche in der Korrelation der Perspektiven selbst schon Programm, und zwar ein poetologisches ebenso wie

---

[52] R. K. R. Thornton: The Decadent Dilemma, S. 22.
[53] Wilfried Edener (Hrsg.): The Picture of Dorian Gray (Urfassung 1890). Nürnberg 1964, S. 103.
[54] Zitiert nach Arthur Symons: Selected Writings. Hrsg. von Roger Holdsworth. Cheadle 1974, S. 83.

ein gesellschaftskritisches, indem es den Reiz immer neuer perspektivischer Brechungen, kapriziöser Inkonsequenz und dialektischer Beweglichkeit gegen ein viktorianisches Pochen auf Systematik, Konsequenz und Ernst ausspielt.

In seiner „Dialogizität" (Michail Bachtin) demonstriert es damit auch Ernst Blochs Prinzip der Gleichzeitigkeit des Ungleichzeitigen, wie es für jeden Zeitabschnitt und jede Epoche, für das Fin de siècle jedoch in besonders markanter Weise gilt.[55] Niemand hat diesen Pluralismus gegenläufiger Tendenzen schärfer gesehen als Robert Musil, der aus der wachen Sensibilität des Mitbetroffenen heraus im *Mann ohne Eigenschaften* ein so einprägsames Bild der Widersprüche dieser Epoche zeichnen konnte, daß es von der Literaturgeschichtsschreibung bislang noch nicht eingeholt wurde:

> Es wurde der Übermensch geliebt, und es wurde der Untermensch geliebt; es wurden die Gesundheit und die Sonne angebetet, und es wurde die Zärtlichkeit brustkranker Mädchen angebetet; [. . .]; man war gläubig und skeptisch, naturalistisch und preziös, robust und morbid; man träumte von alten Schloßalleen, herbstlichen Gärten, gläsernen Weihern, Edelsteinen, Haschisch, Krankheit, Dämonien, aber auch von Prärien, gewaltigen Horizonten, von Schmiede- und Walzwerken, nackten Kämpfern, Aufständen der Arbeitssklaven, menschlichen Urpaaren und Zertrümmerung der Gesellschaft. Dies waren freilich Widersprüche und höchst verschiedene Schlachtrufe, aber sie hatten einen gemeinsamen Atem; würde man jene Zeit zerlegt haben, so würde ein Unsinn herausgekommen sein wie ein eckiger Kreis, der aus hölzernem Eisen bestehen will, aber in Wirklichkeit war alles zu einem schimmernden Sinn verschmolzen. Diese Illusion, die ihre Verkörperung in dem magischen Datum der Jahrhundertwende fand, war so stark, daß sich die einen begeistert auf das neue, noch unbenützte Jahrhundert stürzten, indes die anderen sich noch schnell im alten wie in einem Hause gehen ließen, aus dem man ohnehin ausgezogen ist, ohne daß sie diese beiden Verhaltensweisen als sehr unterschiedlich gefühlt hätten.[56]

Wir können hier abschließend nicht mehr tun, als diesen Pluralismus der Standpunkte und Stile in seinem diachronen und synchronen Zusammenhang anzudeuten. In *diachronem* Entwicklungszusammenhang stellen sich Ästhetizismus, Symbolismus und Dekadenz der 'Nineties als spätromantische Betonung selbstzweckhafter

---

[55] Ernst Bloch: Erbschaft dieser Zeit. In: Gesamtausgabe. Bd. 4. Frankfurt 1962.

[56] Robert Musil: Geistiger Umsturz. In: Der Mann ohne Eigenschaften. Hamburg 1952, S. 55. – Vgl. auch die Interpretation dieser Passage in Viktor Žmegač: Zum literarhistorischen Begriff der Jahrhundertwende (um 1900). In: ders. (Hrsg.): Deutsche Literatur der Jahrhundertwende. Königstein 1981, S. IX–LI, hier S. IX f.

Schönheit, transzendentaler Offenbarung und individueller Subjektivität dar. „We were the last romantics": So schrieb Yeats, dessen dichterische Anfänge in der Zeit des *Dorian Gray* lagen, in seinem Gedicht „Coole Park and Ballylee 1931", und in der Tat konnten eine Reihe von literaturhistorischen Arbeiten (s. o. I. 3) die konkret greifbaren Entwicklungslinien von Keats' Schönheitskult, Coleridges Symbolbegriff und den „gotischen" Nachtseiten der Romantik zu den 'Nineties nachweisen. Umgekehrt gehören Ästhetizismus und Symbolismus zusammen und in der Spannung mit ihrem realistisch-naturalistischen Gegenpol zur unmittelbaren Vorgeschichte der Moderne. Dies wurde von den Klassikern der Moderne selbst reflektiert: Yeats geht in seinen *Autobiographies* auf die eigenen Wurzeln in den 'Nineties ein[57]; Eliot ist stark symbolistischen Vorbildern verpflichtet, die ihm durch Arthur Symons vermittelt wurden; Joyce läßt den Helden seines *Portrait of the Artist as a Young Man* eine ästhetizistische Phase dandyhafter Posen durchlaufen und Pound schließlich blickt in *Hugh Selwyn Mauberley* auf die Bohème-Welt des Rhymers' Club der 'Nineties zurück. Der gemeinsame Grundgestus dieser Werke unterstellt, daß die Kunst der 'Nineties eine Vorstufe bildet, die man hinter sich lassen muß. Dies kann jedoch leicht vergessen lassen, wieviel die Moderne mit dem Fin de siècle positiv verbindet: der Begriff des Symbols oder *image*, das strenge Kunstethos hochreflektierter Bewußtheit und handwerklich-formaler Professionalität, die Konkurrenzsituation mit der wissenschaftlich-technischen Welterschließung, das *épater le bourgeois* ikonoklastischer Selbstinszenierung, die im Fall der Dekadenz modernistische Avantgarde-Bewegungen (Dadaismus, Futurismus usw.) vorwegnimmt, die Subjektivierung des Erzählens oder, im thematischen Bereich, die Neuentdeckung der Großstadt.

In *synchroner* Perspektive steht das Werk Wildes, wie das Kunstdenken und die Kunstproduktion der 'Nineties überhaupt, in einem Spannungsfeld, dessen Extreme von Ästhetizismus und Naturalismus markiert werden. Ihr dialektischer Zusammenhang kann, bei aller gebotener Vorsicht vor allzu griffigen Formen, mit Peter Bürger als der zweier rivalisierender Reaktionen auf die gesellschaftliche Lage begriffen werden:

> Beide Bewegungen sind [...] nur zwei Seiten eines Problems, das sich überspitzt als Auseinanderfallen von Gesellschaftserfahrung ohne Subjekt und Subjekterfahrung ohne Gesellschaft charakterisieren ließe. In dem Auseinandertreten von Naturalismus und Ästhetizismus [...] wird das

---

[57] William Butler Yeats: Autobiographies. London 1955, S. 251–349.

Mißlingen einer egalitären bürgerlichen Kultur faßbar, in der Gesellschaftserfahrung und Subjekterfahrung aufeinander bezogen wären.[58]

Dieses kritische Fazit umschreibt auch die Problemvorgabe der Literatur des Fin de siècle für den Modernismus und damit den Aspekt, der sie zu dessen unmittelbarer Vorgeschichte macht: die Entfremdung von Kunst und Gesellschaft und die Aporien sowohl einer radikal autonomen Kunst, die sich als funktionslos erfahren muß, als auch einer ganz im Wirklichkeitsbezug oder in der Wiederholung der Wirklichkeit aufgehenden Kunst, deren Kunstcharakter brüchig wird.[59]

---

[58] Peter Bürger: Einleitung: Naturalismus und Ästhetizismus als rivalisierende Institutionalisierungen der Literatur. In: Naturalismus/Ästhetizismus. Hrsg. von Christa Bürger, Peter Bürger und Jochen Schulte-Sasse. Frankfurt 1979, S. 10–55, hier S. 55.
[59] Vgl. dazu Peter Bürger: Theorie der Avantgarde. Frankfurt 1974.

V. Lektürehinweise

Wir verzichten auf eine ausführliche kommentierte Bibliographie, da wir auf die zum jeweiligen Aspekt wichtige Sekundärliteratur immer bereits in den Anmerkungen eingegangen sind und weil sich eine kommentierte und Vollständigkeit anstrebende Bibliographie neueren Datums in der Wilde-Monographie von Norbert Kohl findet, die wir hier nur wiederholen könnten. Statt dessen wollen wir ein — möglichst knappes — Lektüreprogramm skizzieren, das Text und Geschichte miteinander verbindet und weiterführende Studien anregen kann.

Empfohlene leicht zugängliche Ausgaben:

Oscar Wilde: The Picture of Dorian Gray. Hrsg. von Isobel Murray. The World's Classics. Oxford 1981
Complete Works of Oscar Wilde. Hrsg. von G. F. Maine mit Einleitung von Vyvyan Holland. London 1966 u. ö.
Selected Letters of Oscar Wilde. Hrsg. von Rupert Hart-Davis. Oxford 1979

Forschungsberichte und Bibliographien:

Ian Fletcher / John Stokes: Oscar Wilde. In: Anglo-Irish Literature. A Review of Research. Hrsg. v. Richard J. Finneran. New York 1976, S. 48—137
Edward H. Mikhail: Oscar Wilde. An Annotated Bibliography of Criticism. London 1978
Norbert Kohl: Oscar Wilde. Das literarische Werk zwischen Provokation und Anpassung. Heidelberg 1980, S. 15—32 (Forschungsbericht), S. 521—686 (Bibliographie; zum *Dorian Gray* S. 549 f., 570 f., 643—648)

Dokumentationen zur Rezeptionsgeschichte:

Oscar Wilde. A Collection of Critical Essays. Hrsg. v. Richard Ellmann. Englewood Cliffs/N.J. 1969
Oscar Wilde. The Critical Heritage. Hrsg. von Karl Beckson. London 1970
Oscar Wilde. Wege der Forschung. Hrsg. von Norbert Kohl (in Vorbereitung bei der Wissenschaftlichen Buchgesellschaft Darmstadt)

Biographie:

Peter Funke: Oscar Wilde in Selbstzeugnissen und Bilddokumenten. Reinbek b. Hamburg 1969 u. ö.
H. Montgomery Hyde: Oscar Wilde. A Biography. London 1976. (eine neue und wohl definitive Biographie von Richard Ellmann befindet sich in Vorbereitung)

Monographien zum Gesamtwerk:

Edouard Roditi: Oscar Wilde. Norfolk/Conn. 1947; dts.: Oscar Wilde. Dichter und Dandy. München 1947
Robert Merle: Oscar Wilde. Paris 1948
George Woodcock: The Paradox of Oscar Wilde. New York 1949
Epifanio San Juan, Jr.: The Art of Oscar Wilde. Princeton 1967
Norbert Kohl: Oscar Wilde. Das literarische Werk zwischen Provokation und Anpassung. Heidelberg 1980

Studien und Anthologien zum literaturtheoretischen Kontext:

Lothar Hönnighausen: Grundprobleme der englischen Literaturtheorie des neunzehnten Jahrhunderts. Darmstadt 1977

Critics of the 'Nineties. Hrsg. von Derek Stanford. London 1970
The Aesthetes. A Sourcebook. Hrsg. von Ian Small. London 1979
Strangeness and Beauty. An Anthology of Aesthetic Criticism 1840 1910. Hrsg. von Eric Warner / Graham Hough. 2 Bde. Cambridge 1983

Studien und Anthologien zum literaturhistorischen Kontext der 'Nineties:

Holbrook Jackson: The Eighteen Nineties. A Review of Art and Ideas at the Close of the Nineteenth Century. London 1913 u. ö.
Decadence and the 1890s. Hrsg. von Ian Fletcher. Stratford-upon-Avon Studies 17. London 1979
Englische Literatur zwischen Viktorianismus und Moderne. Hrsg. von Paul Goetsch. Wege der Forschung 629. Darmstadt 1983
Die 'Nineties. Das englische Fin de siècle zwischen Dekadenz und Sozialkritik. Hrsg. von Manfred Pfister / Bernd Schulte-Middelich. UTB 1233. München 1983

Aesthetes and Decadents of the 1890's. An Anthology of British Poetry and Prose. Hrsg. von Karl Beckson. 1. Auflage 1966; Revised Edition Chicago 1981
Writings of the 'Nineties from Wilde to Beerbohm. Hrsg. von Derek Stanford. London 1971

Studien zum historischen Kontext:

David Thomson: England in the Nineteenth Century. The Pelican History of England 8. Harmondsworth 1950 u. ö.
Eric J. Hobsbawm: Industry and Empire. An Economic History of Britain. 2 Bde. Harmondsworth 1969; dts.: Industrie und Empire. Britische Wirtschaftsgeschichte seit 1750. 2 Bde. Frankfurt 1970
C. P. Hill: British Economic and Social History 1700–1975. London 1977

* Für alles bedanke ich mich bei Elfi, für die Schreibarbeit bei Frau Eva Riedler, für kritisches Lesen bei Frau Erika Böhme, Gabi Gebhard, Gabi Kohlmaier und Helga Quadflieg, e per la loro ospitalità durante un piacevole inverno passato a scrivere vorrei ringraziare i miei amici di Montepescali Leila e Vittorio, Luisella e Giotto.

VI. Biobibliographie und Zeittafel

Wilde: Biobibliographie	*Literarische Daten*	*Politische und Sozialgeschichte*
	1831 Balzac: La Peau de Chagrin	1832 First Reform Bill
	1835 Gautier: Mademoiselle de Maupin	1837 Thronbesteigung Victorias
	1836 Gogol: Die Nase	1838 Chartisten-Manifest
	1840 Poe: Tales of the Grotesque and Arabesque (—45)	
	1843 Ruskin: Modern Painters	
	1844 Stirner: Der Einzige und sein Eigentum	
	1846 Dostojevski: Der Doppelgänger	
	1848 Pre-Raphaelite Brotherhood (bis Mitte der 50er Jahre)	1848 Kommunistisches Manifest
	1850 Tennyson: In Memoriam	
	Dickens: David Copperfield	1851 Weltausstellung im Crystal Palace
	1852 Gautier: Émaux et Camées	
	1853 Ruskin: The Stones of Venice	1854 Krim-Krieg (—56)
1854 Wilde als zweiter Sohn des Augen- und Ohrenarztes William Wilde und der irisch-nationalistischen Schriftstellerin Jane Elgee („Speranza") geboren (16. Okt.)	1855 Whitman: Leaves of Grass (—81)	
	1857 Baudelaire: Les Fleurs du Mal	1857 Obscene Publications Act
		1858 Indien wird Kronkolonie
	1859 Darwin: On the Origin of Species	
	Mill: On Liberty	
	Smiles: Self-Help	1861 Amerikanischer Sezessionskrieg (—65)

155

Wilde: Biobibliographie	Literarische Daten	Politische und Sozialgeschichte
1864 Besucht Portora Royal School, Enniskillen (–71). Gesellschaftliches Ansehen von Sir William wegen Affäre mit Patientin ruiniert	1862 Hugo: Les Misérables 1864 Newman: Apologia pro Vita Sua Lombroso: Genio e Follia	1864 Gründung der 1. Internationale in London durch Marx
	1865 Arnold: Essays in Criticism Ruskin: Sesame and Lilies 1866 Swinburne: Poems and Ballads Le Parnasse Contemporain (–76) 1867 Marx: Das Kapital Bd. 1 1868 Browning: The Ring and the Book	1865 Gründung der National Reform League (für Arbeiterwahlrecht) 1867 Second Reform Bill 1868 Gründung des Trades Union Congress
	1869 Mill: The Subjection of Women Arnold: Culture and Anarchy 1870 Rossetti: Poems Dickens: The Mystery of Edwin Drood	
1871 Studium am Trinity College, Dublin (–74)	1871 Zola: Les Rougon-Macquart (–93) Buchanan: The Fleshly School of Poetry Whitman: Democratic Vistas Eliot: Middlemarch (–72)	1872 Kristallpalast-Rede Disraelis gegen Gladstones Liberalismus und für imperiale Politik
	1873 Pater: Studies in the History of the Renaissance	
1874 Gewinnt Berkeley Gold Medal for Greek und Stipendium für Magdalen College Oxford (–78)		1874 Sturz Gladstones; mit kurzen Unterbrechungen bis 1905 konservative Politik Mitte der 70er Jahre: Great Depression (bis Mitte der 90er Jahre)

Wilde: Biobibliographie	Literarische Daten	Politische und Sozialgeschichte
1875 Erste Italienreise	1875 Symonds: History of the Renaissance in Italy (–86)	
	1876 Bridges: The Growth of Love; James: Roderick Hudson	1876 Victoria wird Empress of India
1877 Zweite Italienreise und Besuch Griechenlands		1877 Annexion von Transvaal
1878 Newdigate Preis für Gedicht *Ravenna*; Bachelor of Arts		1878 Gründung der Salvation Army
1879 Nimmt Wohnsitz in London	1879 Meredith: The Egoist	1879 Parnell wird Präsident der Irish Land League
1880 *Vera; or, The Nihilists*	1880 Thomson: The City of Dreadful Night	1880 Erster Südafrikanischer Krieg (–81)
1881 *Poems*	1881 Rossetti: Ballads and Sonnets	1881 Gründung der Democratic Federation (ab 84: Social Democratic Federation)
1882 Vortragsreise durch Amerika (*The English Renaissance of Art* u. a.)		1882 Besetzung Ägyptens
1883 Parisaufenthalt (Hugo, Zola, Verlaine u. a.). *The Duchess of Padua*. Zweite Amerikareise	1883 Moore: A Modern Lover; Nietzsche: Also sprach Zarathustra (–91)	
1884 Beginn ausgedehnter publizistischer Tätigkeit für mehrere Zeitschriften. Heiratet Constance Lloyd	1884 Huysmans: À rebours; Morris: Art and Socialism; Ruskin: Fors Clavigera	1884 Gründung der Socialist League (Morris); Gründung der Fabian Society; Gründung der Imperial Federation League
1885 Geburt des Sohnes Cyril	1885 Pater: Marius the Epicurean; Verlaine: Jadis et Naguère	1885 Criminal Law Amendment Act; Salisbury Außenminister
1886 Trifft Robert Ross: Geburt des Sohnes Vyvyan	1886 Nietzsche: Jenseits von Gut und Böse; Mach: Briefe zur Analyse der Empfindungen; Stevenson: Dr. Jekyll and Mr. Hyde; Tennyson: Locksley Hall Sixty Years After	1886 Colonial Exhibition in London Salisbury Premier: Stellung der Konservativen bis 1905 nahezu ungeschwächt; Liberale über Irland-Frage gespalten

Wilde: Biobibliographie	Literarische Daten	Politische und Sozialgeschichte
	Baju: Le Décadent Krafft-Ebing: Psychopathia Sexualis	
1887 Beginn der Herausgeberschaft von *The Woman's World. The Canterville Ghost; Lord Arthur Savile's Crime*	1887 Mallarmé: Poésies Maupassant: Le Horla	1887 Bloody Sunday Parnell-Affäre (–91)
1888 *The Happy Prince and Other Tales*	1888 Moore: Confessions of a Young Man Barrès: Le Culte du moi (–91)	
1889 *Pen, Pencil and Poison; The Portrait of Mr. W. H.; The Decay of Lying*	1889 Yeats: The Wanderings of Oisin and Other Poems Ibsen: Nora in London aufgeführt	1889 Dockarbeiterstreik (→ New Unionism)
1890 *Dorian Gray* (Zeitschriftenfassung); *The Critic as Artist*	1890 Whistler: The Gentle Art of Making Enemies Frazer: The Golden Bough (–36) Morris: News from Nowhere Ibsen: Hedda Gabler	1890 Sansibar und Uganda werden britische Protektorate (im Tausch gegen Helgoland); Rhodes Premier der Kapkolonie (–96)
1891 Begegnung mit Lord Alfred Douglas; trifft Mallarmé *Dorian Gray* (Buchform) *Intentions* *Lord Arthur Savile's Crime and Other Stories* *A House of Pomgranates* Schreibt *Salomé* in Paris	1891 Gissing: New Grub Street Hardy: Tess of the d'Urbervilles Shaw: The Quintessence of Ibsenism Symonds: A Problem in Modern Ethics The Rhymers' Club (–94).	
1892 *Lady Windermere's Fan* durch George Alexander uraufgeführt; Proben für *Salomé* durch Aufführungsverbot des Lord Chamberlain abgebrochen	1892 Shaw: Widowers' Houses Yeats: Countess Kathleen Kipling: Barrack-Room Ballads Doyle: The Adventures of Sherlock Holmes George: Algabal Nordau: Entartung (–93; Degeneration, 1895)	1892 Gladstone Premier (–94)

Wilde: Biobibliographie	Literarische Daten	Politische und Sozialgeschichte
1893 *Salomé* in Paris veröffentlicht. *A Woman of No Importance* durch Herbert Tree uraufgeführt	1893 Symons: The Decadent Movement in Literature Egerton: Keynotes Schnitzler: Anatol	1893 Gründung der Independent Labour Party (Keir Hardie)
1894 *Salomé* erscheint in englischer Übersetzung von Alfred Douglas, illustriert von Aubrey Beardsley. *The Sphinx* und *Poems in Prose*	1894 Bradley: Appearance and Reality Moore: Esther Waters Kipling: The Jungle Book Carpenter: Homogenic Love The Yellow Book (−97)	
1895 *An Ideal Husband* durch Lewis Waller uraufgeführt. In Algier mit Douglas; trifft André Gide. *The Importance of Being Earnest* durch George Alexander uraufgeführt. Prozeß und Verurteilung zu zwei Jahren Gefängnis; ab November im Reading Gaol. Konkursverfahren	1895 Freud: Studien über Hysterie Hardy: Jude the Obscure Allen: The Woman Who Did Wells: The Time Machine	1895 Gründung der London School of Economics and Political Sciences (Sidney Webb) Konflikt um Transvaal: Jameson Raid und Krüger Depesche (−96)
1896 *Salomé* in Paris uraufgeführt. Gesuche um vorzeitige Entlassung abgelehnt	1896 Ellis/Symonds: Sexual Inversion Raffalovich: Uranisme et Unisexualité Housman: A Shropshire Lad Dowson: Verses	
1897 Langer Brief an Douglas, später von Ross unter dem Titel *De Profundis* herausgegeben (1905). Haftentlassung im Mai; „Exil“ in Frankreich unter dem Decknamen Sebastian Melmoth. Italienreise mit Douglas	1897 Mallarmé: Divagations Conrad: The Nigger of the Narcissus George: Das Jahr der Seele	
1898 *The Ballad of Reading Gaol.* Öffentliche Briefe zur Reform des Strafvollzugs beeinflussen neue Prison Bill. Tod von Wildes Frau	1898 James: The Turn of the Screw	1898 Beginn des deutsch-englischen Wettrüstens zur See Faschoda-Krise (Kitchener of Khartoum)

159

Wilde: Biobibliographie	Literarische Daten	Politische und Sozialgeschichte
1899 Reisen in Frankreich, Italien, Schweiz	1899 Symons: The Symbolist Movement in Literature Yeats: The Wind Among the Reeds Conrad: Heart of Darkness	1899 Burenkrieg (–1902)
1900 Rückkehr nach Paris. Erkrankung, Aufnahme in die Katholische Kirche, Tod an eitriger Mittelohrentzündung mit Penetration ins Mittelhirn (30. Nov.)	1900 Schnitzler: Reigen Conrad: Lord Jim Freud: Die Traumdeutung	1900 Labour Representation Committee (ab 06: Labour Party) gegründet
1901 Erste deutsche Übersetzung des *Dorian Gray*	1901 Mann: Buddenbrooks	
	1902 Rilke: Das Buch der Bilder Gide: L'Immoraliste	
	1903 Butler: The Way of All Flesh Mann: Tonio Kröger Yeats: In the Seven Woods	1903 Gründung der Women's Social and Political Union (Emmeline Pankhurst)
	1904 Synge: Riders to the Sea James: The Golden Bowl	1904 Entente Cordiale
1905 *De Profundis* in stark gekürzter Fassung veröffentlicht, erst deutsch, dann englisch. Richard Strauss' *Salome* in Dresden uraufgeführt	1905 Mann: Professor Unrat Shaw: Major Barbara	1905 Erste Marokko-Krise
1906 Erste deutschsprachige Gesamtausgabe (–08)		
	1907 George: Der siebente Ring Adams: The Education of Henry Adams	
1908 Erste englische Gesamtausgabe von Robert Ross ediert	1908 Forster: A Room with a View	